河北省创新能力提升计划项目(23555501K)

铁路四电系统施工与安全漫谈

刘玉芝　王书海　徐　红　翟宽宽◎编著

中国铁道出版社有限公司

2024年·北　京

内 容 简 介

本书共分5章，包括铁路四电概述、铁路通信系统施工与安全、铁路信号系统施工与安全、铁路牵引供电系统施工与安全、铁路电力供电系统施工与安全。

本书可作为铁路相关专业人员学习和参考用书，也可作为广大读者的科普读物。

图书在版编目(CIP)数据

铁路四电系统施工与安全漫谈 / 刘玉芝等编著. 北京 ：中国铁道出版社有限公司，2024. 12. -- ISBN 978-7-113-31768-3

Ⅰ. U227

中国国家版本馆 CIP 数据核字第 20246GE715 号

书　　名: 铁路四电系统施工与安全漫谈

作　　者: 刘玉芝　王书海　徐　红　翟宽宽

策　　划: 朱敏洁

责任编辑: 朱敏洁　　**编辑部电话:** (010)51873134　　**电子邮箱:** zhuminjie1105@163. com

封面设计: 刘　莎

责任校对: 刘　畅

责任印制: 高春晓

出版发行: 中国铁道出版社有限公司(100054，北京市西城区右安门西街8号)

网　　址: https://www. tdpress. com

印　　刷: 北京盛通印刷股份有限公司

版　　次: 2024年12月第1版　2024年12月第1次印刷

开　　本: 787 mm×1 092 mm　1/16　**印张:** 6. 75　**字数:** 121千

书　　号: ISBN 978-7-113-31768-3

定　　价: 40. 00元

前 言

随着中国社会经济的快速发展，中国的高铁建设正处于一个高速发展的时期。电气化铁路占比的增加和高铁建设中大量先进技术的使用，也使得铁路四电（即铁路通信、信号、电力、电气化）系统的地位越来越重要。如果我们把路基、桥梁、隧道等建筑物当作高速列车的载体，把轨道工程当作高速铁路的“躯干”，那么铁路通信系统就可以当作高速列车的信息传输通道和高速铁路的“神经网络”，铁路信号系统则是高速列车的控制中心和高速铁路的“大脑”，电力和牵引供电系统就是高速列车的动力之源和高速铁路的“血液”和“心脏”，它们互相配合，共同为高速列车的安全、高速运行保驾护航。

安全生产是关系到人民群众生命财产安全的大事，安全生产管理最根本的目的是保护人民的生命和健康。列车速度的提高带来的不仅仅是舒适、快捷的旅行享受，还促使铁路四电向着智能化、集成化发展。铁路四电工程的质量好坏，不仅直接关系到列车能不能正常运行，还和铁路开通运营后管理单位对其的维修、养护直接相关。安全生产是对企业的最根本要求，安全管理是每个管理人员必须遵守的行为准则，这也是安全生产管理的重要内容。

本书结合我国高速铁路发展现状和安全生产策略在高速铁路四电工程施工中的应用，在介绍铁路四电的基础上，围绕高速铁路四电工程的建设施工过程，把通信光缆布放与成端、通信铁塔组立、信号机与转辙机安装、接触网定位与补偿装置的施工等技术及装备的原理和结构，用通俗易懂的文字和图片加以阐述，并借助二维码把一些流程进行动感、立体呈现，帮助读者更直观了解国内高速铁路建设的施工原理和施工过程。同时又使大家能够认识安全生产的重要性，养成安全第一的好习惯。

本书共分5章，第1章首先对铁路四电进行概述，从铁路四电系统、铁路四电工程、铁路四电技术三个维度进行介绍；接着分别对铁路信号、铁路通信、铁路牵引供电、铁路电力供电四个系统的构成与功能分别进行介绍，逐层揭开铁路四电的神秘面纱；最后，对高速铁路对四电的要求及其铁路四电集成的必要性、注意事项等内容进行讨论，希望进一步激励读者的科学兴趣。第2章到第5章分别针对铁路四电系统施工与安全展开，第2章从施工和安全角度介绍对通信光纤布放与测试、通信铁塔组立、自动售检票设备安装与调试等知识，并通过举例对一些通信设备施工安全问题、应采取的措施等进行了说明；第3章介绍铁路信号系统施工与安全，包括信号电缆的防护与成端制作、信号机与转辙机的安装与调试等知识，并通过举例对一些信号设备施工安全问题、应采取的措施等进行了说明；第4章介绍铁路牵引供电系统施工与安全，除了介绍受电弓、接触网、牵引变电所等基础知识外，还对牵引供电设备施工安全问题、应采取的措施等进行了分析；第5章面向铁路电力供电系统施工与安全，在说明电力供电系统与牵引供电关系基础上，主要对室内外电力设备机场的施工安全问题、应采取的措施等进行了论述。

本书面向普通大众进行科普教育，目的是使民众认识铁路四电各个领域的知识和安全生产注意事项，让普通民众逐渐了解高铁名片背后的故事。考虑到读者广泛和篇幅限制，铁路四电的一些具体技术细节进行了忽略，如有兴趣，可自行查阅相关资料深入学习。

本书由刘玉芝、王书海、徐红、翟宽宽编著，石家庄铁道大学韩立华、杜巍、崔跃华等老师对本书的编写工作给予了很多的指导和帮助。本书的顺利出版，得到了国家铁路局相关部门和河北省科技厅的大力支持，还得到中国铁道出版社有限公司、中国中铁电气化局集团有限公司、中国铁建股份有限公司、中铁武汉电气化局集团有限公司、中国铁路北京局集团有限公司石家庄供电段、衡水铁路电气化学校等兄弟单位的鼎力帮助，硕士研究生陈新帅、袁佳豪、肖娜、王健、张一森、苑滔麟等同学在文字校对、视频剪辑等方面付出了大量辛勤劳动。本书还受到许多领导、同事、朋友的关注，得到河北省创新能力提升计划项目（23555501K）的资助与支持。在编写过程中，除了实地图像和视频采集，还参阅了大量书籍和网络资料，在此对权利人一并进行感谢，感谢为本书出版付出辛勤劳动的所有同志！

由于编者水平有限，书中难免有不当和疏漏之处，在此诚请各位读者、专家不吝赐教批评指正！

编著者
2024年7月

目 录

第 1 章
铁路四电概述

1.1 铁路四电的概念

铁路四电指的是什么呢？通常可以从铁路四电系统、铁路四电工程、铁路四电技术三个角度对铁路四电进行描述，它们齐心协力为行驶在电气化铁路上的列车服务，如图 1-1 所示。

图 1-1 与铁路四电密切相关的电气化铁路与列车

1.1.1 铁路四电系统

铁路四电系统包括铁路通信系统、铁路信号系统、铁路牵引供电系统和铁路电力供电系统。如果我们把路基、桥梁、隧道等建筑物以及轨道工程看作高速列车的载体和高速铁路的“躯干”，那么铁路通信系统就可以看作高速列车的信息传输通道和高速铁路的“神经网络”，铁路信号系统则是高速列车的控制中心和高速铁路的“大脑”，铁路电力和牵引供电系统就是高速列车的动力之源和高速铁路的“血液”和“心脏”，它们互相配合，共同为高速列车的安全、高速运行保驾护航，如图 1-2 所示。

铁路通信系统包括承载网（如传输系统）、业务网（如综合视频监控系统）、支撑网（如时钟及时间同步系统）等，其作为“幕后英雄”保障信号系统的正常工作，经常合称通信信号系统，如图 1-3 所示。

铁路信号系统包括行车调度指挥、列车运行控制、车站计算机联锁等子系统，它们是“千里眼”“顺风耳”，是直接管控列车运行的中枢神经和智慧大脑，既能随时了解列车的位置和运行状态，又能直接控制列车的速度和运行路线，如图 1-4 所示。

图 1-2　上有“电网”、下有“信号”遥相呼应，等车“驾到”

图 1-3　铁路通信信号系统

(a) 机车信号　　(b) 轨旁信号

图 1-4　铁路信号

铁路电力供电系统主要由外部电源、总变电所或配电所、贯通线路、站场电力线路、终端变电所构成，如图 1-5 所示。

铁路牵引供电系统由供电、变电、接触网等子系统构成，如图 1-6 所示。它们携手为高速列车提供动力(电能)，让我们的列车“吃得饱”“跑得快”。

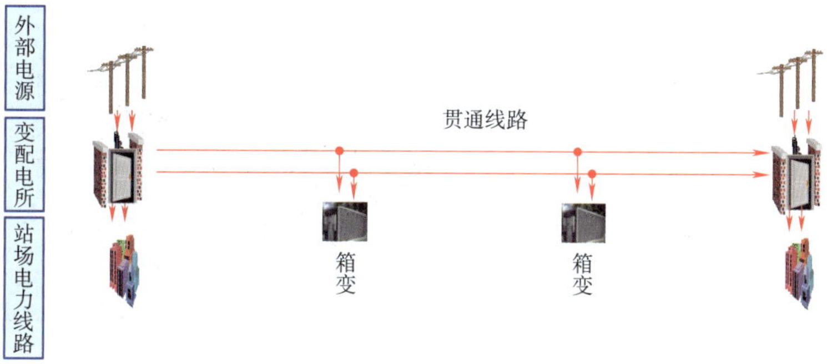

图 1-5　铁路电力供电系统

(a) 牵引变电所

(b) 接触网

图 1-6　铁路牵引供电系统

1.1.2　铁路四电工程

铁路四电工程包括铁路通信工程、铁路信号工程、铁路电力工程和铁路电气化工程。铁路四电工程属于站后工程，是在路基、轨道铺架等站前工程完成后进行的后续工程。看！我们的铁路四电工程人员是不是很厉害，他们登得了高、出得了力，做出来的产品又非常整齐美丽，如图 1-7 所示。

(a) 铁路信号工程（电源屏安装）

(b) 铁路电力工程（10 kV电缆敷设）

图　1-7

(c) 铁路电气化工程（接触网施工）

(d) 铁路通信工程（光纤布置）

图 1-7　铁路四电施工

铁路四电工程的质量好坏，不仅直接关系到列车能不能正常运行，还直接影响铁路开通运营后管理单位对相应设施的维修与养护，所以一定要保证铁路四电工程的施工质量。

1.1.3　铁路四电技术

铁路四电技术是指在电气化铁路内应用的供电系统、信号系统、通信系统以及自动化控制系统的综合电气技术，具体包括铁路供电技术、铁路信号技术、铁路通信技术、自动化控制技术等。

1.1.3.1　电气化铁路

电气化铁路是以电能为主要牵引动力的铁路，又称电气化铁道，由电力机车和牵引供电系统两大部分组成。在电气化铁路上，运行由电力机车牵引的列车和电力动车组两种方式构成，在铁路沿线设有向电力机车和电力动车组供电的牵引供电系统。牵引供电系统包括牵引变电所、接触网等，通过受电弓将电能传到机车，如图 1-8所示。

图 1-8　电力机车、受电弓与接触网

1.1.3.2　铁路供电技术

铁路供电技术是指为铁路系统电气设备提供电力的技术。目前中国铁路正在开展变电所综合自动化等项目，这是铁路系统供电技术的进一步创新和升级。图 1-9 所示的这些项目不仅可以在全国范围内实现供电网络的统一，还能提高铁路系统的稳定性、可靠性和安全性。

图 1-9　综合自动化系统计算监测中心

1.1.3.3　铁路信号技术

铁路信号技术是铁路安全性的重要保障，包括列车运行控制技术、列车定位技术（图 1-10）、管控一体化技术等。这些铁路信号技术的应用，使得铁路系统更加智能化，运行效率也得到了进一步提升。

(a) GPS　(b) 航位推算系统　(c) 应答器

图 1-10　部分列车定位设备

1.1.3.4　铁路通信技术

由于现代铁路系统需要频繁的信息交流和命令下达，铁路通信技术变得越来越重要。目前，无线通信技术已经成为铁路系统的重要组成部分，GSM-R无线通信设备既可以实现高速、高效的通信和信息传输，又能提高铁路系统的安全性能和运行效率，其部分设备如图 1-11 所示。

图 1-11　GSM-R 设备

1.1.3.5　自动化控制技术

现代铁路系统需要对列车的运行情况进行实时监控和调度，自动化控制技术既可以实现列车的自动驾驶和控制，又可以实现行车指挥自动化，从而提高列车的运行效率和安全性能。目前，中国铁路已经在智能京张等铁路实现了列车的无人驾驶(图 1-12)。自动化控制技术可以有效减少因人为造成的失误，提高列车运行的安全性和效率。

(a) 智能京张铁路运行的列车　　(b) 车载人机交互界面

图 1-12　智能京张铁路运行的列车与车载人机交互界面

1.2　铁路四电系统面面谈

如前所述，铁路四电系统包括铁路信号系统、铁路通信系统、铁路牵引供电系统和铁路电力供电系统，下面让我们一起揭开它们神秘的面纱。

1.2.1　铁路信号系统

当我们乘坐高速列车出行，体验快捷、舒适的出行模式时，有没有想过下面几个问题：列车开得这么快，司机如何能看得清前方线路？怎么保证安全驾驶？如果司机走神会怎样？一条高铁线路上同时运行几十趟列车，怎么保证列车运行的安全、有序、高效？又是谁保障高速列车的准点发车与按时到达？下面就带着大家认识一下被称为"高速列车的控制中心和高速铁路的大脑"的铁路信号系统。要充分了解铁路信号系统，就需要从铁路信号的作用说起。

1.2.1.1 铁路信号的作用

铁路信号作用有很多，包括指挥行车运行、保证行车安全、提高行车效率、改善运输条件等，这里我们以指挥行车运行为例加以说明。

铁路信号是指挥行车的命令，具体表现在以下三个方面：一是司机根据信号（地面信号和机车信号）操纵列车；二是车载列控设备根据信号控制列车；三是调度与车站值班员根据行车计划、设备能力及列车的位置等因素产生信号。

铁路信号比公路信号要复杂，比如见到红灯要停车这件事情，一般情况下铁路也是这样设计的，但是在铁路上有时红灯点亮时列车也可以运行（图 1-13）。

(a) 红灯显示一

(b) 红灯显示二

(c) 红灯显示三

图 1-13 "点红灯"却不用停车的红灯显示

图 1-13(a)中，进站及接车进路色灯信号机显示一个红色灯光及一个月白色灯光，此时，准许列车在该信号机前方不停车，以不超过 20 km/h 的速度进站或通过接车进路，并随时准备停车；图 1-13(b)中，驼峰信号机显示一个红色闪光灯光，指示驼峰场的机车车辆自驼峰退回；图 1-13(c)中，通过信号机显示一个红色灯光及一个蓝色灯光，表示准许列车在通过信号机显示红色灯光的情况下不停车，以不超过 20 km/h 的速度通过，运行到次一架通过信号机，并随时准备停车。

看到这里，是不是觉得我们的火车司机很不容易呢？如果火车司机疲劳驾驶或者列车超速运行怎么办呢？不用怕，有列控系统、区间闭塞等铁路信号系统来帮忙。

1.2.1.2 中国列车运行控制系统

中国列车运行控制系统（Chinese Train Control System，CTCS）简称列控系统，分为 CTCS-0、CTCS-1、CTCS-2、CTCS-3、CTCS-4 共 5 级，目前用得最多的是 CTCS-2 级和 CTCS-3 级。列控系统都包括哪些设备？又能干什么呢？

图 1-14 和图 1-15 所示分别为 CTCS-2 和 CTCS-3 级列控系统的主要构成设备，它们有哪些不一样？请利用你聪明的大脑和善于发现的眼睛来一起解开谜题吧！

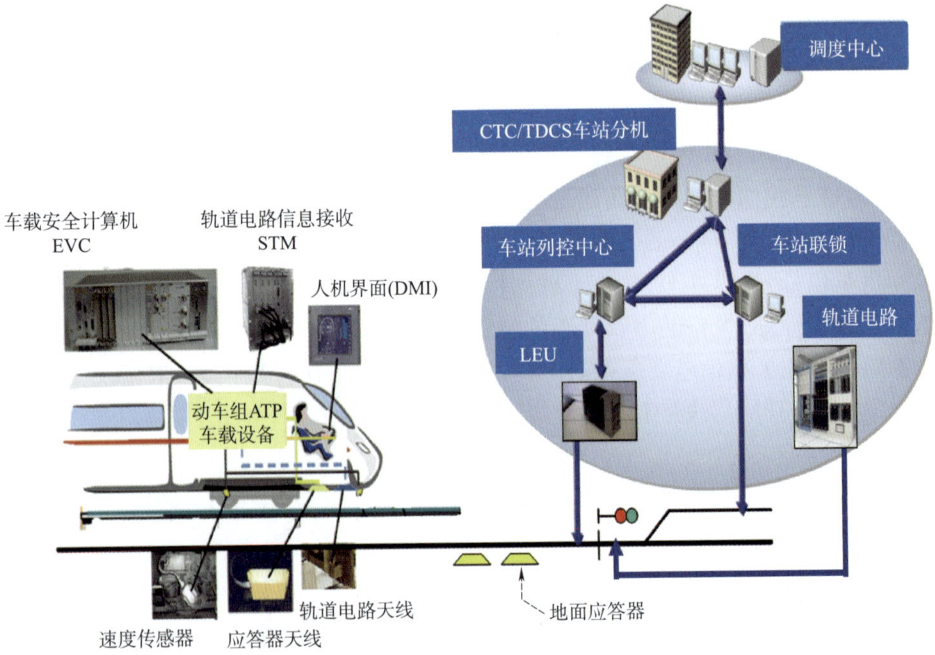

(a) CTCS-2级列控系统框图

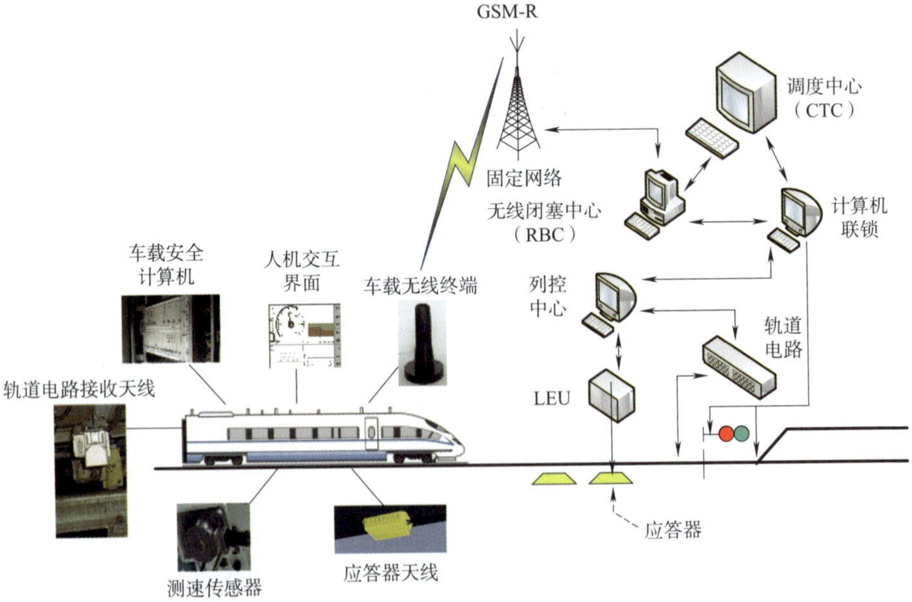

(b) CTCS-3级列控系统框图

图 1-14　CTCS-2 与 CTCS-3 级列控系统框图

你发现了吗？CTCS-3 级列控系统与 CTCS-2 级列控系统相比有更多的无线通信设备，也更智慧和能干。CTCS-3 级列控系统在无线通信技术的帮助下，通过全球移动通信系统 GSM-R、无线闭塞中心 RBC、车载无线终端等设备的通力合作，可以实现调度中心与列车的直接对话，实现了车地双向通信，丰富的信息采集系统能使司机“看”得更远，在驾驶室的显示屏上，司机不仅能了解自己的车速等信息，还能看到前方的路况信息（图 1-15），可以从容地应对突发事件。

图 1-15　列车驾驶室及显示屏

从 CTCS-2 级到 CTCS-3 级列控系统的突破，不仅可以使列车跑得更快（最高运营时速从 250 km 提高到 350 km），还能缩短列车的追踪时间间隔（设计最小追踪间隔从 5 min 缩短到 3 min）。

列车运行控制系统自动控制列车运行，保证行车安全，可以使列车运行在最佳速度。综上，在列车速度不断提高和行车密度不断加大的情况下，机车信号不仅用于改善司机的瞭望条件，而且要求主体化（即以机车信号为主、地面信号为辅的方式）。

1.2.1.3　车站联锁系统

车站联锁用来控制、监督车站的道岔、进路和信号机，并实现它们之间的联锁关系，进而操纵道岔和信号机，如图 1-16 所示。目前现场主要使用计算机联锁，该系统以计算机技术、控制技术和通信技术为基础，全部联锁关系都是通过计算机程序实现。与继电集中联锁相比，它具有明显经济优势和更高的可靠性。

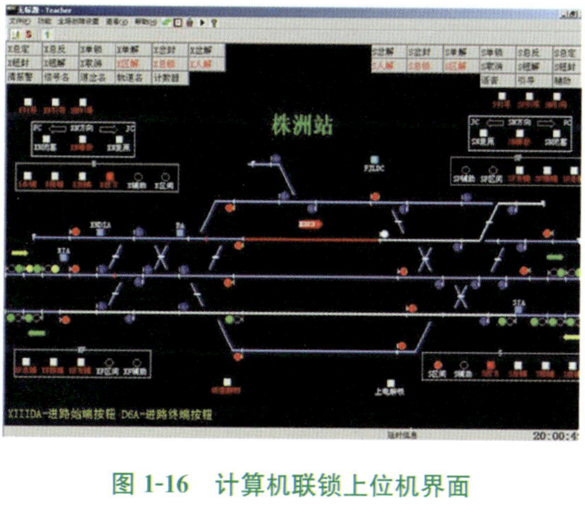

图 1-16　计算机联锁上位机界面

1.2.1.4 区间闭塞系统

区间闭塞系统用来保证区间行车安全，提高运输效率。按闭塞方式的不同，闭塞系统分为半自动闭塞、自动站间闭塞和自动闭塞系统。半自动闭塞主要用于单线铁路，自动闭塞主要用于双线铁路。目前，我国大量采用的是 ZPW-2000 型无绝缘移频自动闭塞。

1.2.1.5 行车调度指挥系统

行车调度指挥自动化是随着微电子技术、现代通信技术的发展而发展起来的，是铁路信号发展的关键技术。我国行车调度指挥采用分散自律调度集中 FZ-CTC，它是在铁路列车调度指挥系统（Train Operation Dispatching Command System，TDCS）的基础上，综合计算机技术、网络通信技术和现代控制技术，采用智能化“分散自律”设计原则，以列车运行调整计划控制为中心，兼顾列车和调车作业的高度自动化调度指挥系统，分为局（图 1-17）、站两级，智能化程度更高。

图 1-17　FZ-CTC 之铁路局调度指挥中心

FZ-CTC 利用遥控遥信等远程技术对铁路车站信号设备、区间信号设备等进行远程控制和监测，提高了行车指挥的技术水平，改善了调度人员的工作环境和条件。

此外，铁路信号系统还包括驼峰调车控制、道口信号、信号集中监测等系统。

1.2.2 铁路通信系统

随着高速列车高速、高密的需求和科技的不断进步，通信系统在铁路运输领域应用越来越多，铁路通信系统构成如图 1-18 所示。为了让通信信息更可靠，GSM-R 采用单网交织的冗余覆盖方案。这样一来，只要不是相邻的基站同时故障，就不会影响 GSM-R 网络场强覆盖。图 1-19 中当 2 号基站故障后，1 号基站和 3 号基站的无线电场强的重叠区仍能满足 CTCS-3 级列控系统车地通信的要求。

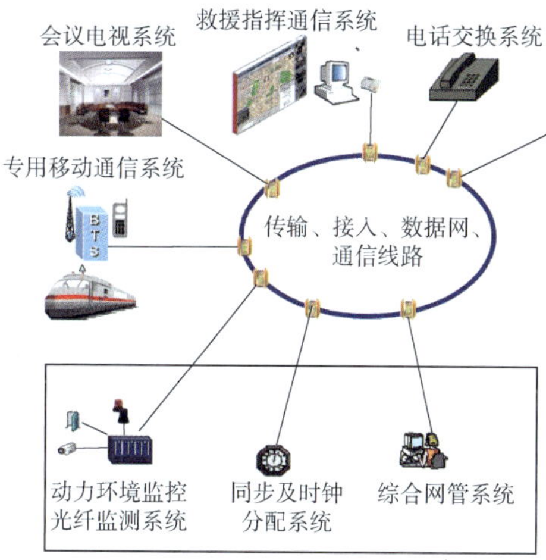

图 1-18 铁路通信系统构成示意图

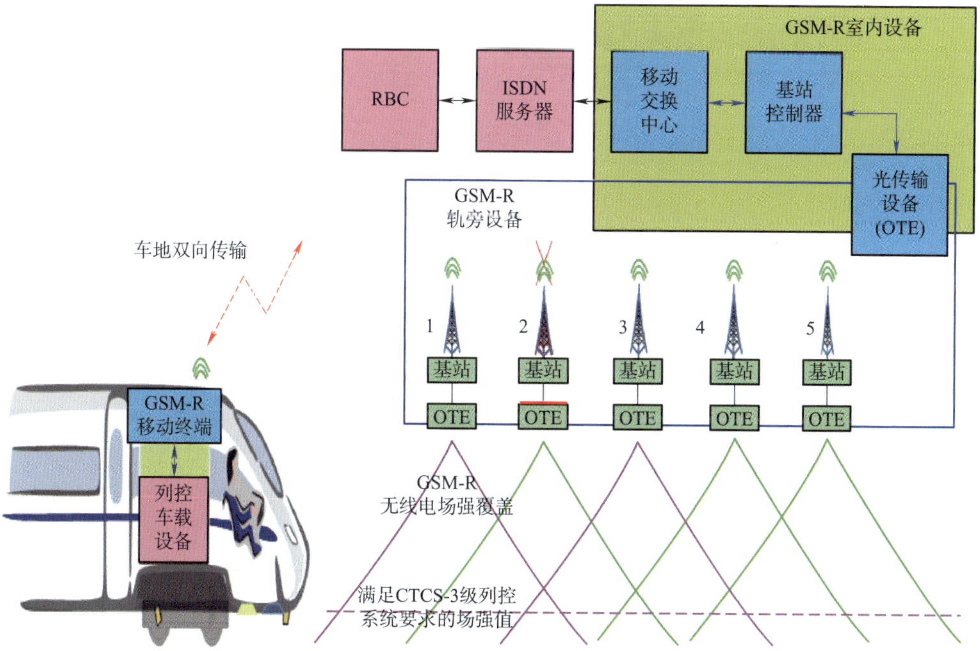

图 1-19 GSM-R 单网交织构成示意图

1.2.3 铁路牵引供电系统

铁路牵引供电系统是电气化铁路从电力系统接引电源，降压转换后给电力机车供电的电力网络。它既是电力系统的一个用户，也是电力系统的一个组成部分，如图 1-20所示。

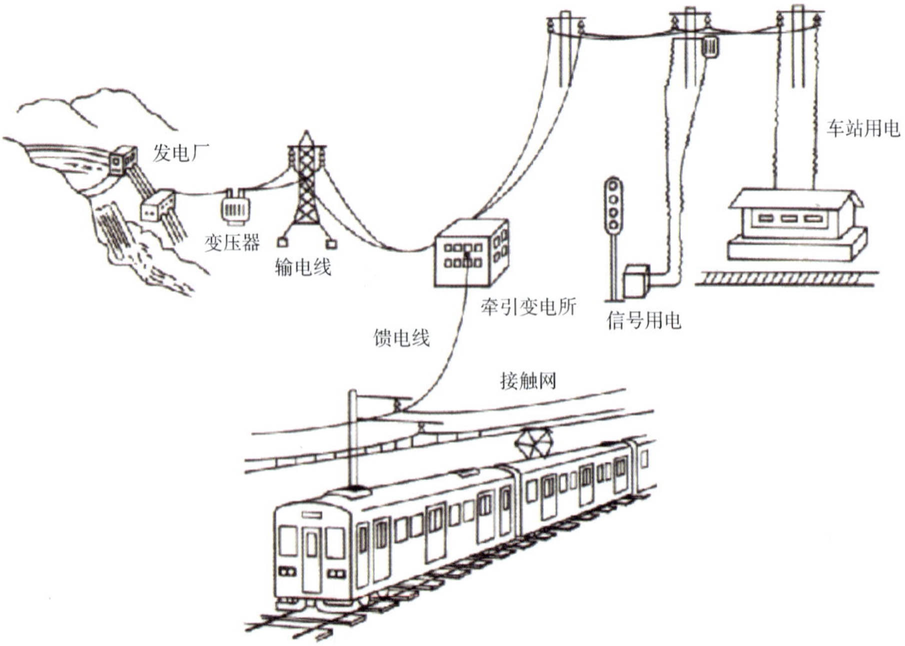

图 1-20　电力系统向电气化铁道供电示意图

铁路牵引供电系统由牵引变电子系统和牵引网子系统两部分组成，如图 1-21 所示。牵引变电子系统包括牵引变电所、分区亭、开闭所、AT 所等供电设施，相当于电气化铁路高速列车的“心脏”，通过图 1-22 所示的馈线断路器、馈线隔离开关、电缆或者架空线等设备将电能输送、分配至接触网；牵引网子系统包括接触网、支持装置、定位装置、支柱与基础、大地、钢轨、回流线等设施，接触网又由接触悬挂、接触线、承力索、正馈线、架空地线、吊弦等组成，相当于高速列车的“动脉”。牵引网对电力机车的供电方式包括直接供电、AT 供电、BT 供电等方式。

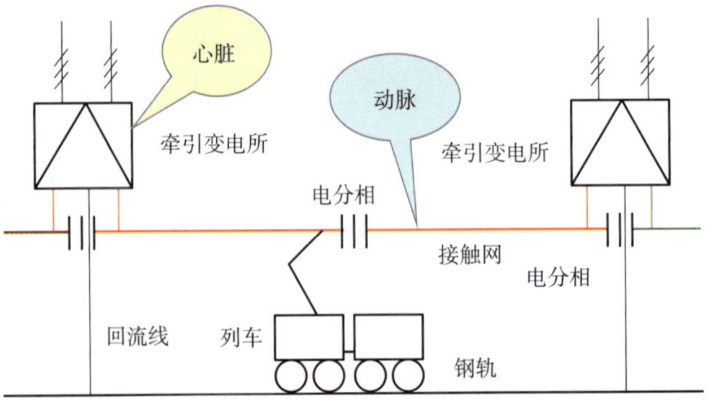

图 1-21　铁路牵引供电系统构成示意图

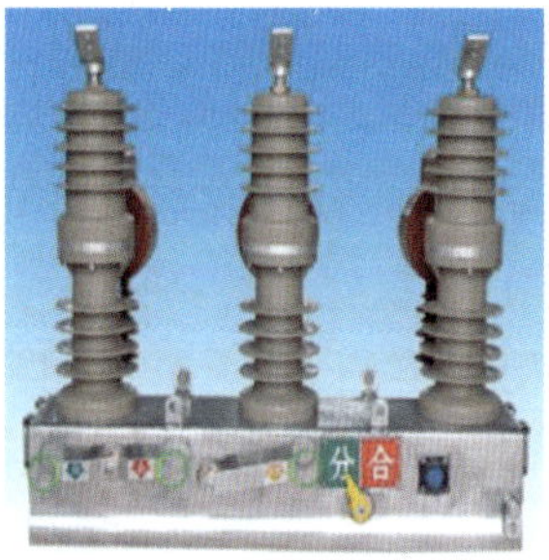
(a) 馈线断路器

(b) 馈线隔离开关

(c) 架空线

图 1-22 断路器与隔离开关

1.2.4 铁路电力供电系统

铁路电力供电系统主要由外部电源、总变电所或配电所、贯通线路、站场电力线路、终端变电所构成。

外部电源是高速列车能量的源头，来自电力系统。外部电源供电方案需要从牵引负荷大小、负荷特性、供电可靠性及电力系统供电条件等多方面综合考虑确定。电气化铁路按一级供电负荷设计。普通电气化铁路的牵引变电所由两路独立 110 kV 电源供电，互为热备；高速电气化铁路的牵引变电所由两路独立 220 kV 电源供电，互为热备。

1.3 高速铁路四电集成

高速铁路四电系统与动车组、土建工程和外部系统的相互影响在加剧、衔接更为紧密，高速铁路四电系统内部一体化、相互整合的进程在加快。

1.3.1 高速铁路对四电的要求

为了不断优化列车的速度和追踪时间间隔，实现列车安全高效运行的目标，高速铁路对铁路四电提出了更高要求，具体表现在：

1. 对电力供电系统的要求

铁路用电负荷点多、容量小、等级高(区间信号平均每 10 km 就有一处、通信负荷平均每 2.5～3 km 一处，容量在几千伏・安到几十千伏・安不等)，对供电网络构成及安全性、可靠性提出了更高的要求，要求供电网络具有更加灵活的运行方式；具有更强、更丰富的远程监控功能，以提高系统的可用性；具有更高安全性、可靠性，对环境具有较强的适应性。

2. 对牵引供电系统的要求

动车组负载率高、受电时间长，要求牵引变压器安装容量大、牵引网载流能力高、对谐波的适应能力强，所接入的电力系统要具有更高可靠性和系统短路容量。单列动车组功率约 10MW，重联时 20MW；最高行车速度 350 km/h，双列重联双时升弓取流，要求接触网对多振源系统具更好的适应能力，具有更高使用寿命；要求牵引网具有更加灵活的运行方式，具有更强、更丰富的远程监控功能，以提高系统的可用性；系统应具有更高的安全性、可靠性，对环境条件具有较强的适应性。

3. 对通信网络的要求

高铁专用通信网是列车控制、综合调度、防灾监控信息化等不可或缺的基础设施，要求更高的安全性、灵活性、可靠性；高铁调度、监测、营销、售检票等采用计算机管理，数据及图像业务成为主要业务，话音业务量只占小部分(约为总业务量的 20%)，其余近 80%业务为数据业务和图像业务；宽带可保护的通信服务网络包括有线(光缆、电缆、节点设备)、无线通信系统，它将对所有与行车有关的系统、设施乃至周边环境实行网络全覆盖。光缆由两条组成，分别设置于线路的上下行，形成一个物理光环。无线采用 GSM-R 系统，多点综合业务接入服务，将电牵、电力、信号等系统的工作信息，线路及周边的风、雨、雪、地震和异物侵限等环境信息，通过各种检测设备、传感器采集并上传至控制设备和指挥中心(一般 3～4 km 设一个接入点)，同时也为区间联络、事故抢险提供服务。

4. 对铁路信号系统的要求

高速列车速度快、追踪间隔小、制动距离长，靠地面信号行车已不能保证行车安全，必须靠车载信号设备对列车实施运行控制，列车自动防护(ATP)已成为行车安全不可缺少的重要技术装备；由于控车信息量的增加，对信息传输通道的容量及品质要求大幅度提高；高铁的调度集中系统要求具有网络化、信息化和智能化等基本特征，并且要求解决调车集中控制和分散自律的问题，一般由调度中心子系统、车站子系统和网络数据传输子系统三部分构成。

1.3.2 我国高速铁路四电系统特点

我国高速铁路四电系统主要包括以下特点：

(1)电力牵引系统采用 220 kV 或 330 kV 电源供电，牵引变压器安装容量为 50～150 MVA，牵引网长期载流量在 1 051～1 800 A 之间，牵引网耐受短路电流达 15～30 kA，供电能力更强、系统更稳定；接触网对多振源系统具更好的适应能力，满足动车组 350 km/h双列重联双弓受流运行要求；电力贯通线路采用单芯交联聚乙烯绝缘铜芯电力电缆，对环境的适应能力好。

(2)通信系统采用单网交织冗余覆盖 GSM-R 系统，确保列控信息传递的安全、有效。

(3)信号系统建立了中国列车运行控制系统(CTCS,共有5级),目前应用在高速铁路的有CTCS-2、CTCS-3两级。

(4)高速铁路建立了自然灾害及异物侵限监测系统,对风、雨、雪、地震及线路上方落物进行实时监测,为行车安全提供技术保障;建立了沿线无缝衔接综合视频监视系统,为高铁的安防、设备运行状态的监视提供了强有力的手段保障;建立了综合接地系统,为轨旁设备及设施安全与工作接地提供了可靠的保障;建立较为完善的应对极端气象条件的防护系统,如雷电及冰雪防护系统;建立了完善的、自动化程度较高的包括运营管理、CTC、PSCADA在内的调度指挥系统。

1.3.3 高速铁路四电集成的必要性

高速铁路四电集成是基于以下五方面的需要:

(1)四电必须协同动作的需要。铁路四电是实现同一目的(向移动设备提供服务)的不同方面:信号系统是安全与控制保障;电气化系统是动力保障;通信系统是信息保障;电力供电系统是“以上三电”正常工作的保障。

(2)技术标准协调一致的需要。控制及信息化技术方面的标准应一致,在实现互联互通的同时满足各专业的需求。

(3)四电专业整合、资源整合的需要。四电专业的协同性需要专业间的整合,如信号CTCS-3级列控系统,需要列控技术与通信技术的整合,远程监控、视频监控、电源等需要资源性整合,以实现资源共享。

(4)四电专业接口的需要。四电专业的接口可分为:四电专业间的、与土建设施间的、与移动设备间的、与铁路外的以及与环境的,具有多样性,需要统筹考虑。

(5)工程投资控制的需要。过标准的协调和系统的整合达到资源的共享,实现节约投资的目的。

1.3.4 高速铁路四电集成注意事项

进行高速铁路四电集成,要在综合技术应用、工程管理、安全生产等方面加以注意。

1. 综合技术应用的注意事项

区间四电设施集约化设计:为节约土地资源和便于设备运营维护,高速铁路区间基站(含GSM-R铁塔)、防灾设备小间、中继站、电力箱变应集中布置,以通信基站或信号中继站为中心,完成设备房屋和各专业电缆槽的集约化平面布置,如图1-23所示。

站区综合管沟的应用:四电设施有大量的电力高低压电缆、通信光缆及电缆、信号电缆、电牵控制电缆等从车站范围内引入、引出,并有大量的线缆分别引入不同的设备房间。电缆的引入、引出应结合车站型式、站区设备房屋分布、线缆种类、维护要求以及站台结构及景观要求进行统筹规划。统一规划线缆径路,合理布置强弱电电缆,并保证有足够的间距,避免同沟、同井电缆的交叉,避免强、弱电电缆相互干扰,影响运营安全。

图 1-23　区间四电设施集约化设计

隧道内各种线缆以及设备布置:通信漏缆(包括路内通信漏缆和公网漏缆)、隧道照明电缆、低压供电电缆、疏散诱导灯供电线、接触悬挂导线及接触网附加导线等,在设计中应结合不同隧道断面尺寸、线缆和设备种类统一布置,避免各种线缆设备布置的冲突,如图 1-24 所示。

综合设备洞室:在长大隧道内,电力、通信、信号设施可就近布置在隧道综合洞室内,以减少隧道开挖。洞室的尺寸需要考虑电力、通信、信号设备布置尺寸、高度、电缆走向、检修、防火需求、等电位连接、照明、通风、空调以及洞室封闭大门的特殊要求,避免造成电缆同沟或交叉、洞室预留尺寸小、设备布置不合理、等电位连接设计考虑不周等问题。设备洞室应尽量沿垂直线路方向进行开挖,减少平行方向的横断面,如图 1-25所示。

图 1-24　隧道内各种线缆以及设备布置

图 1-25　隧道内各种线缆以及设备布置

接触网分相设置:电分相设置涉及多专业。供电专业将供电方案提交接触网专业;接触网专业将电分相设置里程提交线路、站场、行车。行车根据信号机设计里程、线路纵断面、接触网分相里程进行检算，当检算后不满足要求时，应多专业协调解决。

综合接地系统是以在铁路两侧敷设的贯通地线为接地干线，将铁路沿线各专业的电气、电子设备、建筑物与构筑物内部结构钢筋、长大金属件，以等电位连接方式连接在一体的共用接地系统。充分利用沿线桥梁、隧道、接触网基础、路基地段构筑物设施内的接地装置作为接地体，形成等电位综合接地平台。

2. 工程管理的注意事项

做好施工准备，以减少接口、便于施工统筹、利于保证质量与进度为原则确定施工界面。目前高速铁路四电建设采用施工总承包模式，总承包单位应根据有关部门要求、业主招标要求及设计方案等提出四电系统集成方案。四电设施选址除专业技术要求外，还应考虑水位、道路、电磁环境兼容等因素。

同时，工期协调也非常重要，制约四电施工进程的因素有：

①设备房屋（洞室）、场坪、基础提供的时间节点，影响接触网立杆（吊柱安装）、GSM-R 铁塔组立、变电基础浇制、箱式设备及室内设备安装等，是制约四电设备安装工作面形成的关键。

②电缆沟槽、过轨管（上下护坡）、手孔、电缆井提供的时间节点，影响通信、信号、电力光电缆的敷设工作，该项工作占专业总工作量的 40%～60%，也是四电设备安装工作面形成的关键。

③占轨时间起点以及时间的长短，影响接触网悬挂放线。

④焊轨、锁定放散以及捣固达标完成节点，影响信号与钢轨相连设备安装（接收、发送设备、补偿电容、道岔转折机构等安装、调试与测试）。

⑤钢轨精调完成节点，影响接触网的悬挂调整、冷滑、热滑等。

3. 安全生产的注意事项

高速铁路与普速铁路相比，具有速度高、技术复杂、系统性强、专业接口多等特点，因此，高速铁路在开通运行前必须经过系统的试验与验证，才能保证各系统的完整性、合理性以及系统间的匹配性，才能为高速铁路的安全、可靠运行提供数据支持并奠定良好的技术、管理基础。除了注意环境污染，做好雷电防护外，还要注意冰雪、大风、温度、鸟害等影响生产安全的因素。

第2章
铁路通信系统施工与安全

2.1 铁路通信系统概述

铁路通信是以传输及接入、电话交换、数据网、GSM-R专用移动通信等设备为基础的系统，包括铁路调度通信、视讯会议、综合视讯监控、铁路应急通信等系统。

2.1.1 铁路调度通信系统

铁路调度通信系统是直接为铁路运输生产服务提供重要通信功能的设施，主要负责调度员、车站值班员和其他用户间的通信，可实现干线调度通信、区段调度通信、站场通信、站间通信、区间通信、专用通信等与运输指挥相关的通信业务。

我国铁路调度通信系统的发展始于20世纪50年代，经历了脉冲选叫技术(以电子管为主要器件)、双音频选叫技术(以晶体管为主要器件)等发展过程。目前以数字调度系统为主，可以满足调度通信(如列车调度、牵引供电调度、货运调度等)、专用通信(用于车务、工务、电务、供电、电力等部门内部通信)、站场通信(在车站内各行车作业部门间进行)、站间通信等功能。

铁路调度通信系统一般由数字调度主机、操作台和集中维护管理系统等组成，铁路调度通信系统和数字调度系统分别如图2-1和图2-2所示。

2.1.2 视讯会议系统

铁路视讯会议系统也称会议电视，具有节省时间、缩短空间、提高效率等优点，是现代计算机技术、通信技术和视频技术完美结合的产物，也是国铁集团与铁路局集团公司、铁路局集团公司与基层站段等相关单位间进行政策传达、工作部署、信息沟通等诸多重要交流的途径，还是应对紧急突发事件的重要通信设施，所以要求其必须提供安全、稳定、可靠、高质量的图像和声音信号，为铁路安全运输服务。

铁路视讯会议系统经历了四个发展阶段，即模拟视频会议阶段、数字视频会议的初级发展阶段、成熟发展阶段以及高清阶段。每个阶段的构成都有所不同，现如今最常见到的主要有会议电视终端设备、传输信道（通信网）、多点控制单元（MCU）和网络管理系统，如图 2-3 所示。

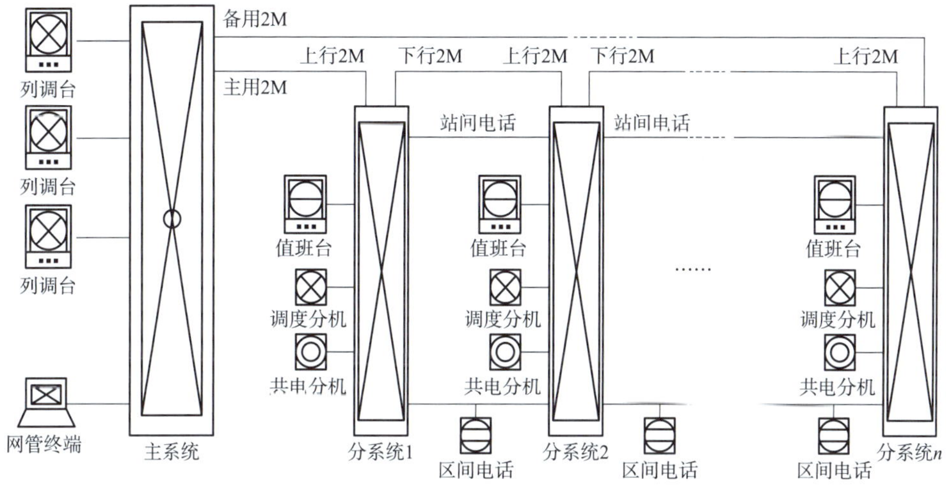

图 2-1　铁路调度通信系统构成示意图

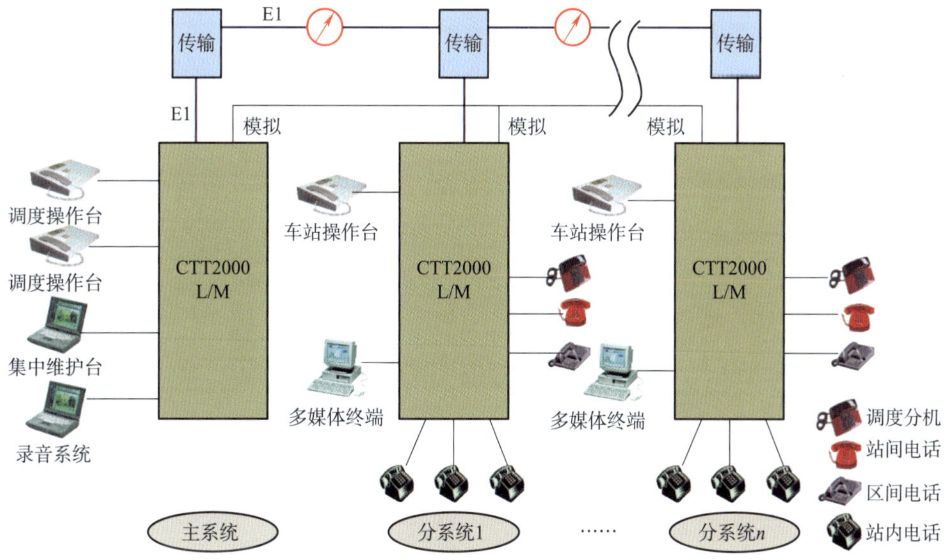

图 2-2　数字调度系统的构成示意图

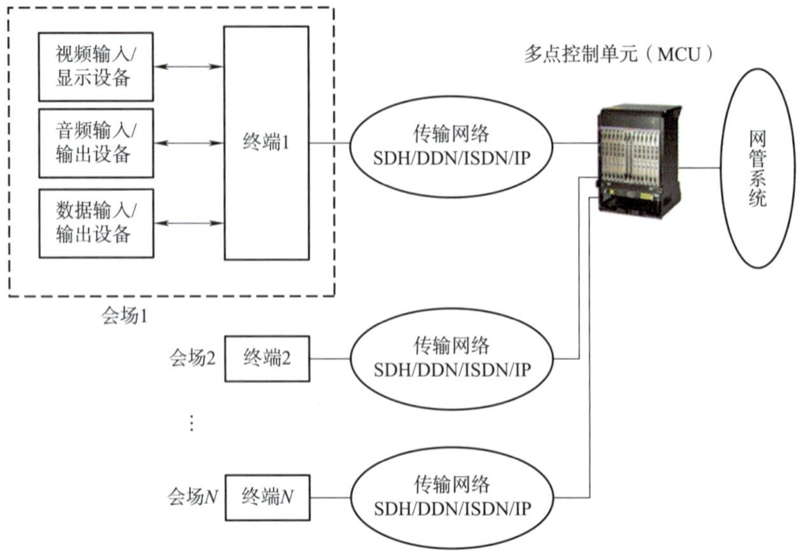

图 2-3　铁路视讯会议系统的结构示意图

2.1.3　综合视频监控系统

铁路综合视频监控系统是采用网络化、数字化视频监控技术和 IP 传输方式构建的视频监控系统。随着铁路的不断发展，网络视频监控技术已经在铁路运输指挥、生产作业、公安保卫等领域广泛运用，在一定程度上促进了铁路的发展，并且成为铁路安全生产、提高效率、强化管理的重要技术支撑。

综合视频监控系统由前端设备、传输部分、后端的存储设备及监控管理中心组成，如图 2-4 所示。

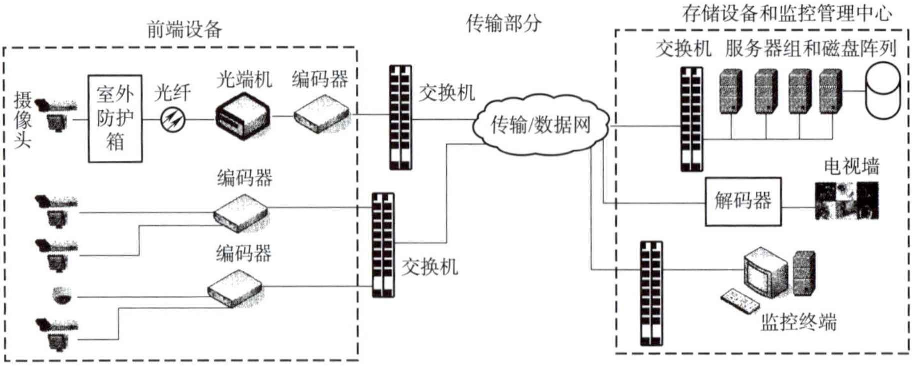

图 2-4　综合视频监控系统组成示意图

2.1.4　铁路应急通信系统

铁路应急通信系统是一个功能丰富、使用方便、开通快捷的应急通信系统，它利用铁路通信既有的传输网络、数据网络、接入网络组成一个用于铁路应急通信的专用网络。该系统还与铁路其他通信系统在各铁路局救援指挥中心互联，实现与其他通信系统的互联互通。在应急通信网内部还能兼容铁路通信系统外部的其他网络(如海事卫星网络、宽带卫星网络、互联网等)接入。

铁路应急通信系统主要由应急中心通信设备、传输网络、应急通信现场设备三部分组成，如图 2-5 所示。

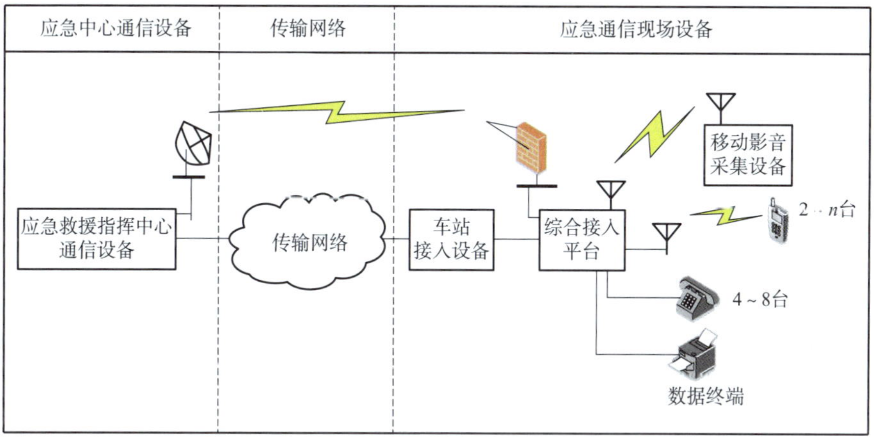

图 2-5　铁路应急通信系统组成示意图

为满足各类业务和信息传送的需求，铁路通信网包括基础承载网、移动通信网、业务网、支撑网等。其中，基础承载网包括传输网和数据通信网；移动通信网主要包括 GSM-R 数字移动通信和 450 MHz 列车无线调度；业务网主要包括调度通信、电话交换、会议通信、综合视频监控、应急通信等系统；支撑网主要包括时钟及时间同步，信令、通信综合网管及监测等系统。目前，我国铁路基础承载网初具规模，基础通信设施不断增加；列车无线调度通信技术升级换代，车地通信质量不断提高；铁路专用通信业务网络实现数字化，功能和质量不断提升；铁路通信维护体系基本建立，维护手段逐步完善。

2.2　通信线路施工

通信线路指承担通信设备间数据、语音、信号等信息传递任务的传输链路及相关设施，比如我们常用的网线就是通信线路。通信线路包括通信光缆(光纤通信)、漏泄同轴电缆、音频线、通信电缆等，这里以光纤布放与成端为例介绍通信线路的施工方法。光纤的布放及成端施工是铁路通信系统施工的一项重要工作，施工作业应按照标准化作业程序和施工规范进行，满足高速铁路对铁路通信线路施工的需要。

我们身边的高楼大厦需要按相关工序流程建设，一层一层盖，同样光纤建设也需要按步骤来。光纤布放及成端的工序流程为：施工准备→材料进场检验→尾纤编号→尾纤布放、固定→成端连接→测试→线缆标识、标牌制作→施工结束、清理现场。

2.2.1 光纤布放

光纤布放主要包括尾纤编号和尾纤布放、固定两个阶段。

传输设备的尾纤一般是厂家专配，两端插头不一样。尾纤布放前，要先把每条尾纤两端编上号以便区分，用记号笔在尾纤两个端头空白处分别标注编号，两个端头标号相同。这个过程称为尾纤编号。该过程是为了方便对应起来，就像我们家里的灯具与开关，我们得知道哪个开关控制哪个灯。

为了规范美观，尾纤编号后把到同一方向、同一设备的尾纤分端分别依次放开、顺直、成把，然后再进行尾纤布放与固定。注意尾纤布放方向应由设备光端口侧布放到光纤配线柜（ODF）上，先取下尾纤接入柜子顶端放线口的盖板，再将已经成把的尾纤从接入柜顶端放线口从上向下布放。其余的尾纤沿上走线槽顺直到 ODF 柜，另一端从 ODF 柜顶端放线入口沿走线槽布放。这样布置整整齐齐，让人视觉上也舒服，也给人一种可靠感，如图 2-6 所示。

图 2-6　布放好的光纤

2.2.2 光纤成端

光纤成端是指光缆线路到局站后需与光端机相连的方式。首先把布放到位的尾纤端头对准相应设备端口，按照编号相应位置和顺序，轻轻插入到位。然后用尼龙粘扣带对尾纤接口处尾纤横向绑扎，其余尾纤顺直成把后，用缠绕管缠绕，布放到尾纤上走线架。接着固定尾纤到机柜的侧面走线槽中，并整理上走线槽尾纤收容盒中的尾纤，使尾纤顺直，自然弯曲平铺到尾纤收容盒中，这样的目的就是将其一一对应并整齐地排布好，以便后续工作与维护，如图 2-7 所示。

2.2.3 光纤布放及成端注意事项

光纤布放及成端的注意事项很多，这里主要针对施工前期与结束前两个阶段进行讨论。

图 2-7　光纤成端

开工前，应组织技术人员认真学习实施性施工组织设计，澄清有关技术问题，熟悉规范和技术标准。制定施工安全保证措施，提出应急预案。另外，光纤的布放及成端的配件等物资到达现场后应做现场检验，保证其型号、规格、质量符合设计要求及相关技术标准规定。

光纤尾纤布放完毕要用光时域反射仪（OTDR）对所有尾纤进行测试，测试结果应符合设计要求；光纤尾纤成端连接好后要在两端贴上标签，标签制作格式及标示方法应清楚、规范，如图 2-8 所示。这样既可以标明光纤跳纤的本端连接位置，又可以显示光纤跳纤的对端位置及用途，避免混淆；另外，施工结束要将所有施工数据做好完整记录以备监理工程师查阅签认，并将光纤尾纤布放与成端施工产生的废弃物运出现场。

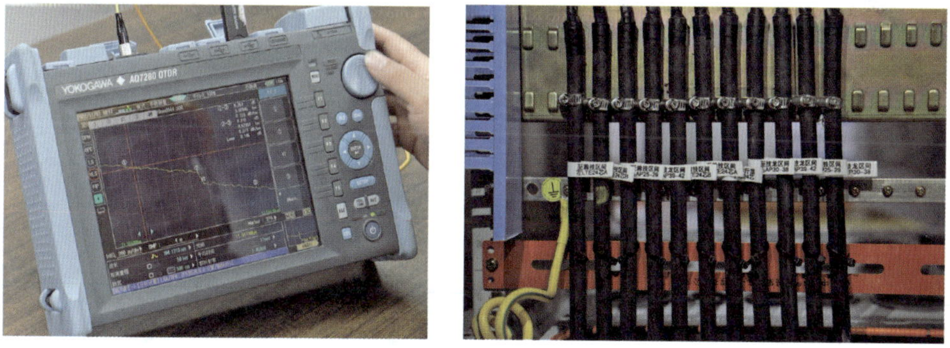

图 2-8　光纤测试与标签

2.3　通信设备施工

通信设备是指用于实现信息传输的设备，包括传输介质、传输设备和传输协议等。通信设备有很多种，如机柜、合路器箱、光电交接箱、2M 缆、电源线、地线、音频线、直放站、交接站、路由器等，这里以2M缆的布放与成端为例进行介绍。2M缆的布放及成端是铁路通信施工设备施工过程的一项重要工作，施工作业应按照标准化作业程序和施工规范进行，满足高速铁路对铁路通信设备施工的需要。

2M缆的布放及成端的施工步骤主要有：施工准备→材料进场检验→2M缆布放→线缆分层、固定绑扎→2M头制作→测试→线缆标识、标牌制作→施工结束、清理现场。

2.3.1 2M缆的布放

2M缆是一种同轴射频电缆，具有尺寸小、衰减低等特点，可以用于视频监控线路、会议视频系统等电子线路架设、工程装修信号传输等，传输射频信号。

2M缆的布放分传输侧2M缆和用户侧2M缆，它们都是先配到数字配线架DDF上，再进行分配对接。布放前，先根据各设备所用线缆的长短进行裁截，并把每条2M缆给以编号区分；然后按先后顺序布放，先放传输设备到DDF架的2M缆，再按DDF架的先后分配顺序布放其他用户设备的2M缆；大型的程控交换机房内专设DDF架，传输、交换两台DDF架再放2M缆跳接；2M缆布放路径及位置应合理规范，线缆排列整齐，穿越障碍物或转弯时要有专人负责防护以免损伤线缆外皮，布放好的2M缆如图2-9所示。这样布放的线缆不仅整齐美观且条理清晰，也方便后续工作开展。

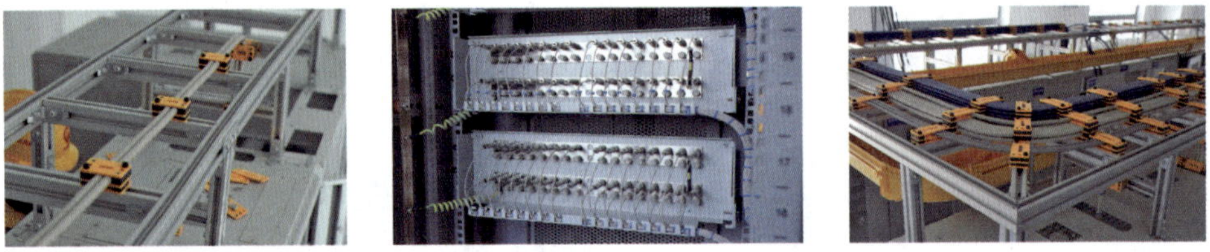

图2-9　布放整齐美观的2M缆

2.3.2 2M缆成端与测试

2M缆成端也叫2M头的制作，其过程与铁路信号电缆成端类似。先用壁纸刀在距2M缆端头10 cm处环切护套（此过程注意力度不得伤及2M线），然后撕开并去掉外护套，用热缩管对护套开剥处热缩保护。经对号确认无误后剪去多余的长度，使每根线的预留长度尽量保持一致，然后测试、编把、绑扎，最后将2M头与2M模块连接即可，如图2-10所示。

测试分对号和绝缘电阻测试两步，先对号测试所有线缆无误，再测绝缘电阻，不带设备端子情况下内外导体线间绝缘电阻应大于1 000 MΩ。

2.3.3 2M缆布放及成端注意事项

本书主要针对施工前期与结束前两个阶段的注意事项进行讨论与说明。

(a) 绝缘测试

(b) 2M头与2M模块连接

图 2-10　绝缘测试、2M 头与 2M 模块连接

安全和规范施工前要做好各项准备：开工前组织技术人员认真学习实施性施工组织设计，除了澄清有关技术问题、熟悉规范和技术标准外，还要做好材料进场检验，2M缆及其成端配件、工具等物资到达现场后应做进场检验，其型号、规格、质量应符合设计要求及相关技术标准规定。

规范结束前要注意线缆标识与标牌的制作：2M 头做好后要在两端贴上标签，DDF侧应在距同轴头尾部约 30 mm 处粘贴标识标签，标签制作格式及标示方法应清楚、规范，既标明同轴电缆的本端连接位置，又显示同轴电缆的对端位置及用途，避免混淆。所有施工数据应做好完整记录以备监理工程师查阅签认，清理现场将 2M 缆的布放及成端试产生的废弃物运出现场。

2.4　无线通信设备安装

无线通信设备是指通过无线协议实现通信的设备。无线通信设备安装包括通信铁塔基础安装、铁塔组立、避雷针安装、天馈子系统安装等，这里以通信铁塔基础与天馈子系统安装为例来介绍移动通信设备安装的施工方法。

2.4.1　通信铁塔组立

无线通信的正常运行离不开铁塔桩，塔体组立施工是铁路无线通信系统施工过程的一项重要工作，必须按照标准化作业程序进行塔体组立施工作业。

塔体组立工序流程为：施工准备→材料进场检验→现场布置→塔脚及塔体安装→安装把杆→地面组装→塔身吊装→把杆提升→平台和避雷针吊装→爬梯吊装→避雷带焊接→拆除把杆→铁塔安装检查→塔角包封→施工结束、清理现场。塔体组立程序比较复杂，本节主要介绍“安装把杆”“平台和避雷针吊装”两个环节。

1. 安装把杆

安装前先把一节节把杆组装好，在塔腿及塔体底层主材安装完毕后，竖立把杆。在竖立把杆一角的顶部挂上一开口起吊滑轮，下端另挂一个开口转向滑轮。每根牵引绳自把杆中上部，经起吊滑轮、转向滑轮，最后至卷扬机。用卷扬机牵引竖起把杆以后，用临时拉线稳住把杆，将牵引绳在把杆上的结扎点下移，转动卷扬机即可将把杆升至所要求的高度，再将把杆根部的短头钢丝绳捆扎在塔身上，一般捆扎在塔身主材上，考虑到安全因素和起吊方便，把杆与地面的倾斜角度一般不小于 50°，把杆竖立与安装过程如图 2-11 所示。

(a) 竖立把杆

(b) 安装把杆

图 2-11　把杆的竖立与安装

2. 平台和避雷针吊装

吊装平台和避雷针要遵从先后顺序，先吊平台、后吊避雷针。有几层平台的，按从上到下的顺序进行，每一层分两次起吊，每次吊起一个面在塔身上对接就位。避雷针吊装就位后，位置及高度要符合设计要求，安装要牢固、端正，避雷针的吊装与固定过程如图 2-12 所示。

2.4.2　天馈子系统安装

天馈子系统主要包括天线、馈线、跳线和塔放等，主要作用是作为射频信号发射和接收的通道。天馈子系统施工的工序流程为：施工准备→材料进场检验→天线安装→馈缆安装→接地卡安装→馈缆的室内引入及连接→施工结束、清理现场。其中天线、馈缆和接地卡的安装为其核心环节。

天线安装：此过程分为两步。第一步为仰俯角支架安装，此步需要按照天线的仰俯角支架说明书进行组装，还要注意螺栓安装方向的一致性，并把连接处的螺栓拧紧。第二步为天线固定。天线固定装置的预安装在塔下进行，然后吊到塔上，最后将板式天线固定在抱杆上。天线调节架上的抱杆缩紧螺母应紧密连接，松紧程度要确保承受重量与抗风。应按照施工地区环境条件采用合适的天线安装方式，符合天线强度要求。天线的安装高度、倾角、方位角应和轨道走向一致。天线组件与吊装过程如图 2-13所示。

(a) 避雷针吊装

(b) 避雷针固定

图 2-12 避雷针吊装与固定

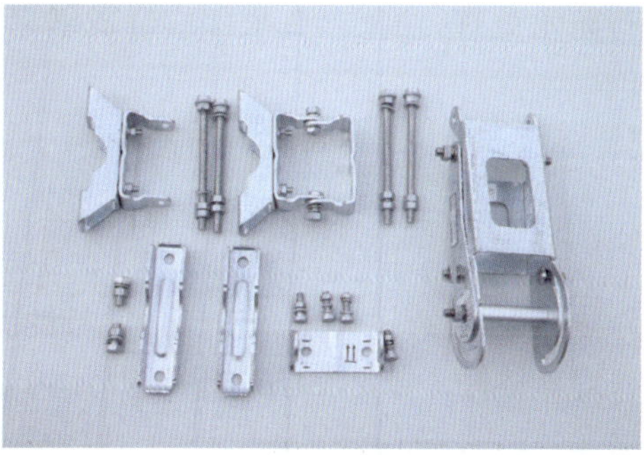
(a) 天线组件

(b) 天线吊装

图 2-13 天线组件与吊装

馈缆安装:此过程分为七步,具体如下,馈线安装与固定如图 2-14 所示。

(a) 馈线安装

(b) 馈线固定

图 2-14 馈线安装与固定

（1）馈缆卡子安装。安装卡子之前，要根据铁塔的高度和天线类型选择卡子的型号和数量，并在铁塔爬梯最顶层的横杆和最底层的横杆距离爬梯 10～15 cm 处确定固定卡子的位置；安装卡子时紧挨线绳，使用 13 mm 的扳手将卡子固定在爬梯上，要求所有爬梯横杆上的卡子在一条直线上和卡子要牢固。

（2）馈缆与馈缆防护管固定。先将馈缆的一头封好后固定在线绳的一头，缓慢地将馈缆拉到铁塔的上面。然后，用角钢将防护管固定在铁塔上，最后拧紧螺栓。

（3）防护管管口密封。使用冷风胶将馈缆与钢管口的连接处进行密封，并将 7/8 馈缆固定到对应的馈缆卡子上。

（4）馈缆接头制作。使用漏缆专用接续工具，制作馈缆直放站接头和基站接头，紧固时不易用力过大，避免损伤接头螺纹。

（5）馈缆和 1/2 跳线连接及防水处理。将 1/2 跳线和馈缆接头进行连接，1/2 馈缆与天线连接，用扳手拧紧螺栓，连接处要紧密无缝。

（6）接地卡安装：先使用壁纸刀将馈缆接地处 20 mm 的外护皮去除，装上接地卡，并拧紧接地锁紧螺母。再对馈缆接地处进行防水处理，注意接头根部应绕成锥形，这样既美观防水性又好。

（7）在铁塔横杆角钢上，用电钻打眼，安装接地卡的另一端，用扳手拧紧。

2.4.3　通信铁塔组立与天馈子系统安装注意事项

施工准备阶段：要做好技术交底，明确劳动分工；检查运到现场的机具设备性能是否良好；检查运到现场的工具、材料的规格和数量是否符合要求，如图 2-15 所示。

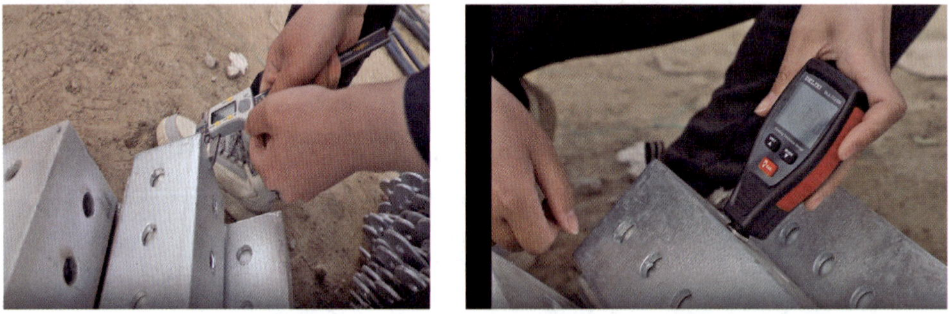

图 2-15　材料规格检查

把杆的提升阶段：每段组装结束以后，需要把杆提升时，在已组立好的把杆腿主材角顶挂一开口起升滑轮，将牵引绳放入滑轮内，并将牵引绳的一端改接在把杆根部稍上的部位，用绞磨牵引使把杆提升至所要求的高度，此时应注意协调临时拉线的松紧，保持把杆不歪，把杆提升至所要求的高度后，将把杆根部固定在铁塔上，调整临时拉线并接牢，将牵引绳从塔身上滑轮内取出，放入把杆顶部起重滑轮内，继续用牵引绳起吊其他塔身。

收尾阶段：铁塔安装好后，用全站仪分别从铁塔的两个垂直方位对铁塔的垂直度进行测量，铁塔的中线垂直倾斜度不得超过塔高的 1/1 500，钢塔扭转角不得大于 ±0.1°；还要记得塔角包封，在地角螺栓上涂抹凡士林油，并用塑料膜包裹。

防护与明示设计：除了装避雷针，铁塔还应有完善的防直击雷及二次感应雷装置，避雷带的引接必须符合设计和相关规范，一般采用自塔顶避雷针向下引接两条，并与塔体固定可靠、相互焊接合格，现场焊接处应有可靠的除锈防腐措施。在含有基站的机房里，馈缆引出到防静电地板上面 450 mm 适当位置处进行开剥接头，安装避雷器、耦合器，与室内 1/2 跳线进行连接。馈缆连接完成后，悬挂标签。

2.5 自动售检票设备安装

自动售检票设备施工是铁路旅客车站客运服务信息系统施工过程的一项重要工作，有了自动售检票设备，不仅可以节省大量人力，还给乘客提供了自助快捷的乘车体验。为了设备后期能够正常运行，无论是自动售票设备安装还是自动检票设备安装，都要按照标准化作业程序进行自动售检票设备施工作业。

2.5.1 自动售票设备安装

在日常生活中当我们通过轨道交通出行时，需要使用票卡凭证，一人一票进站乘车。每个车站都有自动售票设备，其最大的特点就是在正常服务时无须工作人员值守，乘客可自行操作自动售票机进行购票或充值操作。

自动售票设备安装的工序流程为：施工准备→材料进场检验→检查预留接口→设备安装→设备配线→设备调试→清理现场→成品保护。

(1)打孔：根据设计要求确定自动售票设备的安装位置，利用 AVM 底座模板确定打孔位置，根据位置进行打孔，同时还要清空孔内粉尘。

(2)将自动售票设备安置在安装位置，在移动过程中注意轻抬轻放，以免设备遭受撞击，同时也要注意抬机人员发生碰伤。

(3)自动售票设备垂直调整，保证设备与地面垂直偏差不大于机架高度的 1‰。

(4)当设备后门靠墙放置时，需要保留 1.5 m 以上的空间，以便专业人员对设备内部的模块进行操作及维护。

(5)安装化学锚栓：置入药剂后拧入锚栓螺杆，化学锚栓露出地面 60 mm 并与地面垂直。

(6)设备配线：首先打开售票机的后门，拆掉进线孔处的挡片。然后把预留的电源线和网线通过底座中间的进线孔引入售票机中，并将其卡在相应的进线孔上，再将地线与自动售票机的金属外壳可靠连接。

设备安装与调试如图 2-16 所示。

(a) 自动售票设备安装　　(b) 自动售票设备调试

图 2-16　自动售票设备安装与调试

2.5.2　自动检票设备安装

自动检票设备有诸多功能，最主要的是自动对车票进行有效性检验，对有效车票检票后放行乘客，对无效车票拒绝放行。自动检票设备安装的工序流程为：施工准备→材料进场检验→检查预留接口及预留的线缆→设备安装→设备配线→自动检票机调试→清理现场→成品保护。设备安装过程也分 6 步，具体如下：

(1)闸门模板放置在地面以保证平稳，用红外线水平仪在地面上定位闸门阵列安放的位置，(闸门阵列的中间该被定位，标记第一个闸门垂直中线)注意：第一个闸门一定要准确地垂直在中间位置，其他闸门定位要基于第一个闸门。

(2)在闸门模板旁边，放置另一个闸门模板，同时确定一个合适的间隔区。

(3)使用在闸门模板上的孔口，为模板的锚栓在地面上选择四个参照点，直到所有的孔被标记；画完第一组打孔位置后，平移模板一直到最后一组画完为止。

(4)用电锤在已经标记的位置上向地面钻孔，确保每个锚栓进入混凝土内至少 120 mm(根据现场情况，如果达不到 120 mm，与闸机厂家确认后可以适当调整打孔深度)。清除孔的灰土，用化学锚栓物质填充孔，并把螺纹棒放入孔中，螺杆外露 30 mm。等待 20 min 化学锚栓物质变干，将预留的线缆从空洞中取出并排列整齐。

(5)安置闸门，安装闸机时首先将闸机摆放到待安装位置，不要让闸机直接落地，找一个木块将闸机踮起，这样方便将预留的线缆穿入闸机，不至于压坏线缆，将所有线缆都通过闸机的穿线孔穿入后再撤掉木块，把闸机平稳地放在地面上。

(6)设备配线：自动检票设备的配线一般包括光缆、电源线、网线，按厂家的配线图配线即可；光缆引入时一定要注意光缆的弯曲半径，尾纤不得绑扎，应穿波纹管防护，让尾纤自然弯曲不得受力；电源线与网线应分开布放，不得将电源线与网线绑扎在一起；线缆绑扎整齐美观并适当预留；自动检票机的金属部位应可靠接地，如图 2-17 所示。

(a) 连接

(b) 绑扎

图 2-17　自动检票机线路连接与绑扎

2.5.3　自动售检票设备安装注意事项

自动售检票设备在安装过程中，遵循一系列注意事项是确保安全和质量的关键。

安装前：首先要对自动检票设备施工的配件、线缆等物资做进场检验，其型号、规格、质量应符合设计要求及相关技术标准规定；其次还要检查预留接口及预留的线缆，看看房建单位预留尺寸大小是否满足设计要求；最后检查预留的线缆的型号、数量、长度是否满足设计要求。

安装后：首先要进行设备调试(图 2-18)。一般由施工单位配合厂家技术人员按设计和订货合同进行调试，各项技术指标需要满足一定的设计要求；其次，自动检票机需要检查闸门的水平和垂直，如果需要加钢质垫片进行调整，垫片厚度不能超过 9.5 mm，而且必须放在地面与闸门框架底部顶角处。最后，还要使用扳手拧上螺母确保闸门与地面安全固定。

(a) 水平检查

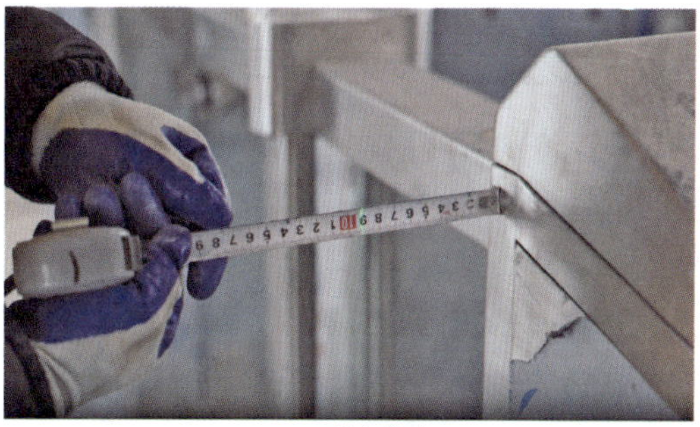

(b) 垂直检查

图 2-18　水平和垂直检查

成品保护阶段:待设备安装完成后用外包装箱进行防护,醒目位置张贴严禁移动等字样。

2.6 铁路通信设备施工安全

任何通信设备施工时都要遵守相关技术规范,使各种施工操作都能得到规范化执行,尤其要注意质量控制与安全要求,从而减少施工问题的出现。

施工依据的标准、规范和要求主要包括:

(1)《客货共线铁路通信工程施工技术规程》(Q/CR 9655—2015);

(2)《铁路通信工程施工质量验收标准》(TB 10418—2018);

(3)《高速铁路通信工程施工技术规程》(Q/CR 9606—2015);

(4)《高速铁路通信工程施工质量验收标准》(TB 10755—2018);

(5)《铁路工程基本作业施工安全技术规程》(TB 10301—2020);

(6)《铁路通信、信号、信息工程施工安全技术规程》(TB 10307—2020);

(7)《高速铁路通信工程细部设计和工艺质量标准》(Q/CR 9520—2018);

(8)《高速铁路客服工程细部设计和工艺质量标准》(Q/CR 9524—2018);

(9)工程相关设计施工图纸。

2.6.1 通信线路施工安全

1. 质量控制

(1)光纤布放时,跳纤上走线宜采用阻燃 ABS 塑料光纤走线槽布放,走线槽应栓接固定在上走线架侧方。

(2)光纤排列、收容应整齐有序,绑扎要适度松一点,不准用扎带直接绑扎没有防护的尾纤。

(3)光纤跳纤下走线布放应用 PE 螺旋缠绕管缠绕防护,尾纤只在设备侧做适量预留,其他多余的长度都预留到 ODF 尾纤收容盘上。

2. 安全要求

(1)尾纤布放前,制定安全保障措施,开工前进行必要的安全培训,如图 2-19 所示。

(2)施工时所用的梯子,应安全牢固、有防滑措施,且不得垫高使用。

2.6.2 通信设备施工安全

1. 质量控制

(1)2M 缆布放前进行单盘检验,测试方法和测试指标应符合设计要求及相关技术标准的规定。

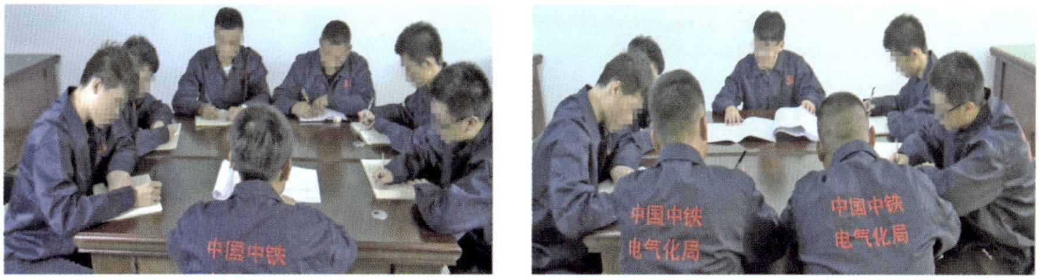

图 2-19 安全培训与技术交底

(2)布放过程中敷设径路及走向应符合设计文件及相关技术标准要求,2M 端与通信设备接入端端口、各线缆缆身标识明确。

(3)2M 缆中间不得有接头,2M 缆的弯曲半径不小于电缆外径的 4 倍。

(4)2M 接入设备或 DDF 架时,应留有一定的余量,余留长度应统一。

2. 安全要求

(1)机架地线必须连接良好,接地电阻应符合设计要求,针对设备配线的施工特点,制定安全保障措施。

(2)开工前进行必要的安全培训,并进行安全考试,考试合格后方可上岗作业。

(3)配备合格的安全员,根据设备安装的特点制定各项安全管理措施,开工前根据当前工作内容,进行重点的安全提示。

(4)终端设备的安装及配线需要进行高处作业,要经过专门培训并考核合格,持证上岗。

(5)施工用的高凳、梯子、人字梯等,在使用前必须认真检查其牢固性。

(6)梯外端应采取防滑措施,并不得垫高使用。

(7)施工现场必须配备消防器材,机房内及其附近严禁存放有毒、易燃、易爆等危险物品;持续作业应搭置帐篷或者在专用作业车中进行,严禁露天作业,如图 2-20 所示。

图 2-20 安全措施

2.6.3　无线通信设备施工安全

1. 质量控制

(1)通信铁塔组立时塔脚位置安装正确,各塔脚的中心间距允许偏差±3 mm,各塔脚的高度允许偏差±3 mm。

(2)塔身各横截面应成相似多边形,同一横截面上对角线或边的长度偏差不应大于 5 mm;螺栓的穿入水平方向由内向外。

(3)垂直方向由下向上,用接地电阻测试仪测试铁塔塔体的接地电阻应符合设计要求。

(4)塔体主体结构构件的连接螺栓采用 8.8 级普通螺栓,其余采用 6.8 级普通螺栓,其质量标准应符合《紧固件机械性能》的规定;主体结构螺栓采取有效的防松措施。

2. 安全要求

(1)参加施工的作业车、工程车辆、司机等必须持有相应的专业资格证、驾驶证以及车辆检验合格证。

(2)施工人员必须戴好安全帽、穿好防护服后方可进入施工现场进行施工作业。如采用人工吊装,应经常检查绳索及吊装工具的完好程度。

(3)严禁将手指伸入螺孔找正。机电设备使用前应全面检查,确认机电装置完整、绝缘良好、接地可靠。

(4)搅拌机应设置在平整坚实的地基上,装设好后应由前后支架承力,不得以轮胎代替支架。

(5)安装前需确认天气,选择天气平静干燥时安装天线,在雷雨、大风、冰雪、能见度低、高温和低温等环境恶劣的条件下严禁登高进行天线的安装作业。

2.6.4　铁路旅客车站客运服务信息系统施工安全

1. 质量控制

(1)安装自动售检票设备时,设备周围应按规范标准留有足够的操作和维护空间,设备、底座安装牢固,底座与地面间应作防水处理,设备安装应垂直水平。

(2)服务器、工作站、交换机、打印机安装稳定、牢固,位置准确,符合设计要求,通风散热符合设计要求。

(3)机柜固定牢固、垂直、水平,同列机柜要排列整齐,使其正面位于同一平面。

(4)自动售检票设备可靠接地,引入自动售检票设备的电源线及信号线分开敷设。

(5)自动售检票设备的排布方式要以方便旅客购票为主,成组设备的间距同时还要满足旅客行走空间要求,如图 2-21 所示。

图 2-21　调整自动售检票设备的空间间隔

2. 安全要求

(1)针对信息设备的性能和施工特点,制定安全保障措施。

(2)开工前进行必要的安全培训,并进行安全考试,考试合格后方可上岗作业。

(3)要着重强调电动工具的使用安全和现场施工的用电安全。

2.7　动手扫一扫,我来演示你来看

视频 1　2M 缆的布放

视频 2　2M 线缆分层与固定

视频 3　2M 缆头制作

视频 4　2M 缆成端测试

视频 5　光缆与加强固件连接

视频 6　光缆熔接

视频 7　光缆接头损耗测试

第3章
铁路信号系统施工与安全

3.1　铁路信号系统概述

铁路信号系统是以继电器、信号机、轨道电路、转辙机等信号设备为基础，包括车站联锁、区间闭塞、列车运行控制、驼峰调车控制、行车调度指挥控制、道口信号、信号集中监测等系统，施工时除了安装相应的设备，还需要进行单项试验和联调联试等。

比如，计算机联锁（目前主要使用的车站联锁系统），施工时除了安装上位机、操作表示机（图 3-1）、下位机、转辙机、进站等信号机等设备外，还需要进行信号机与道岔单项试验、室内模拟试验等。

图 3-1　计算机联锁操作表示机柜

列车运行控制系统包括车载与地面两个子系统，车载子系统包括机车信号、列车运行监控装置和列车运行超速防护系统等，地面子系统包括应答器（图 3-2）、轨道电路、列控中心、地面电子单元、无线闭塞中心等设备。施工时除了安装应答器等设备，还需要进行列控中心主备机转换等调试。

(a) 有源应答器（有尾缆）　　(b) 无源应答器（无尾缆）

图 3-2　列控系统设备

区间闭塞系统目前主要使用 ZPW-2000 型无绝缘移频自动闭塞系统，它包括图 3-3所示的组合柜、移频柜（也叫机柜）等设备。施工时除了安装发送器、接收器、衰耗器等设备，还需要进行 ZPW-2000 系列室内调试试验。

(a) 自动闭塞组合柜

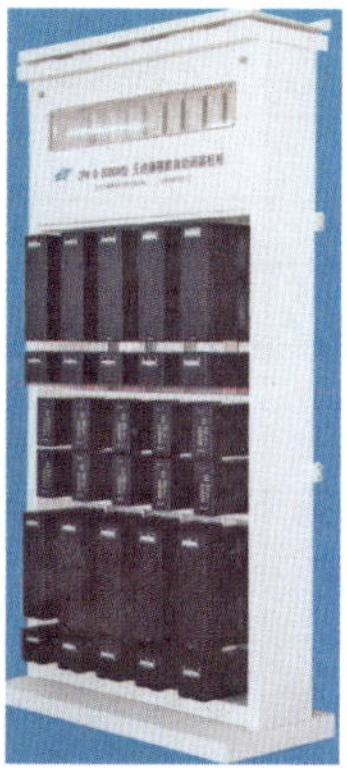

(b) 移频柜

图 3-3 ZPW-2000 型无绝缘移频自动闭塞组合柜和移频柜

随着铁路运输产业的不断发展和无数次的经验交流与总结，铁路信号设备的研发与生产逐步发展成为有别于其他控制设备的特殊行业，具有特殊的设计原则，即“故障—安全”原则，也叫“故障导向安全”原则。“故障—安全”原则是铁路信号设备和系统设计必须遵守的原则。比如信号机的双灯丝或双灯泡、红灯转移、双机热备等设计都是该原则的体现。

铁路信号系统的施工与调试是一个复杂且关键的过程，为了确保铁路运输的安全和效率，需要多个方面的专业知识和技术支持。铁路信号系统施工的主要对象包括信号电缆、室内信号设备、轨旁信号设备等。

3.2 信号电缆工程施工

信号电缆工程包括信号电缆敷设、防护、成端、配线、接续、导通、测试等，其施工工艺流程如图 3-4 所示。

信号电缆是铁路信号系统传输信息的基础，其质量和敷设方式对于系统的正常运行至关重要，这里以信号电缆防护与成端为例介绍信号电缆工程的施工方法。信号电缆防护与成端是铁路信号系统施工的重要工作，施工作业应按照标准化作业程序和施工规范进行，满足高速铁路对铁路信号电缆工程的需要。

3.2.1 铁路信号电缆防护

铁路信号电缆敷设过程中，要对信号电缆进行防护。比如，桥梁地段电缆通过桥梁接缝处应在电缆槽道断开处采用五层布橡胶软管防护。当电缆槽道在桥梁有伸缩装置时可不设防护，图 3-5 所示为桥梁段电缆槽电缆敷设示意图。

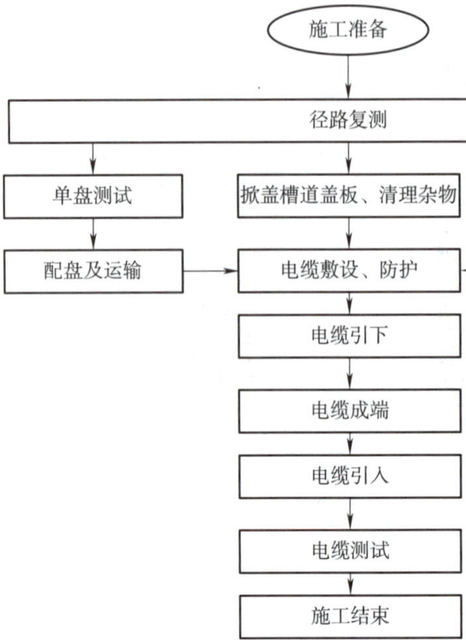

图 3-4　信号电缆施工工艺流程图

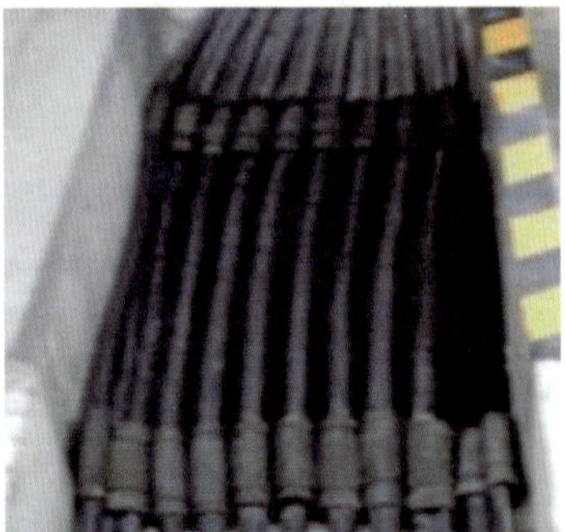

图 3-5　桥梁段电缆槽电缆敷设示意图

桥梁地段从电缆槽至设备箱盒引出的电缆，应采用聚酯橡胶软管防护，从电缆槽防护至箱盒保护管 M 型卡上部。

路基地段干线电缆与设备之间应采用防护管防护，埋设于防水层下。直线地段或过轨电缆防护应采用符合国标的 UPVC、PE 管，过沟涵应采用水泥包封，直线地段外露防护管采用固定卡固定。

隧道、涵洞没有预留电缆槽沟的地段，电缆槽沟必须用水泥砂浆对电缆槽全程整体包封。包封厚度不小于 20 mm。引出电缆槽的电缆、路基地段电缆槽至箱盒的电缆，应采用防护套管进行防护。路基地段防护管如图 3-6 所示。

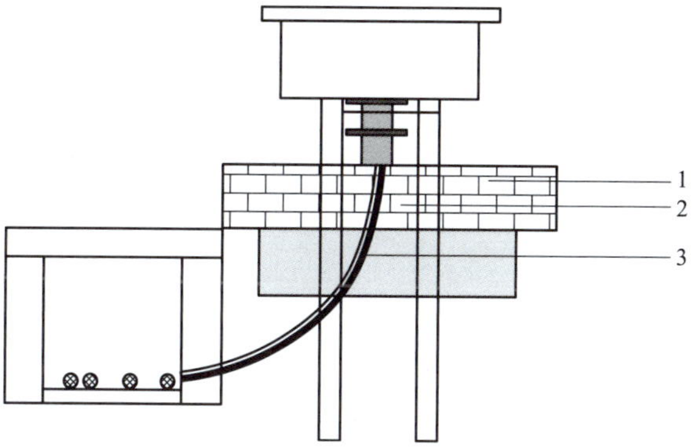

1—设备防护围台；2—防护套管；3—电缆。

图 3-6　路基地段防护管示意图

电缆敷设完，电缆槽盖盖板前，应及时通知监理和电务段随工人员进行检查，检查合格共同签认后，方可安装盖板。站内分支电缆埋深不足 800 mm 时，路基地段方向电缆盒至信号设备处分支电缆采用水泥槽，水泥槽顶面距地面不足 400 mm 时，应采用水泥进行包封 20 mm。电缆槽引出的外露电缆、路基地段电缆槽至箱盒的电缆，应采用防护套管进行防护。

信号电缆在跨越电力电缆时，信号电缆应采用钢管防护。电力电缆跨越信号电缆交叉时，电力电缆应防护，且防护距离不少于 300 mm。信号电缆应与电力电缆分沟敷设。当无法避免只能同沟时，电(光)缆应采用电缆槽或砖砌物理隔离防护，防护后两类型缆线间距不小于 100 mm(垂直、平行距离)。

电缆穿越防护管、防撞墙、人(手)孔时，敷设管口应用采取胶皮保护。手孔井、槽道内突出边缘、挂钩处，过轨引入、引出口处应采用压缩空气用织物增强橡胶软管防护。电缆槽电缆敷设和站内综合管沟电缆敷设分别如图 3-7 和图 3-8 所示。

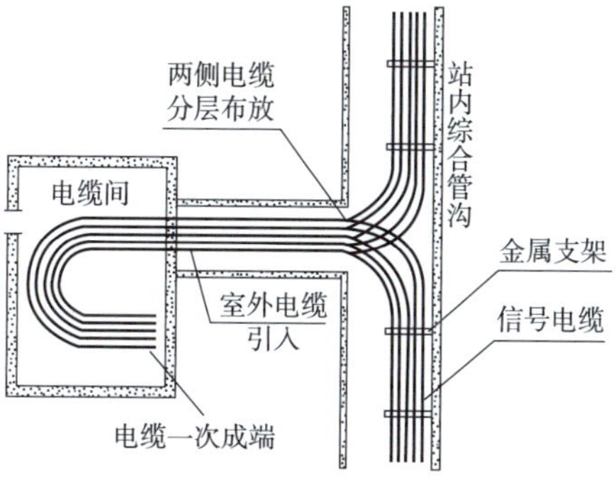

图 3-7　电缆槽电缆敷设示意图

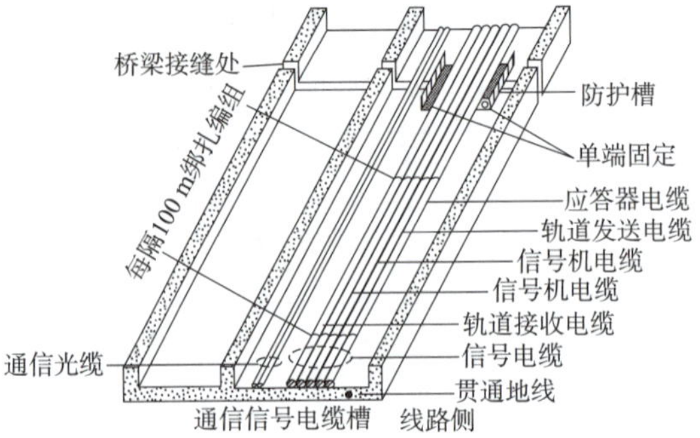

图 3-8　站内综合管沟电缆敷设示意图

3.2.2　信号电缆成端

1. 室内一次成端

一次成端分支接地铜排采用不小于 50 mm^2 铜缆与引入口处电缆金属护套等电位接地端子板连接，在电缆间将电缆钢带（断开）、铝护套（不断），通过成端盒接地端子与 30 mm×3 mm 分支接地铜排连接。钢带及铝护套接地处分别开剥 30 mm，注意钢带切断而铝护套不得断开，如图 3-9 所示。开剥处用砂纸打磨处理，使用小喉箍将钢带及铝护套分别固定在专用接地铜排上。连接采用压接方式，连接线长度应不大于 200 mm。室内电缆成端示意与实物如图 3-10 所示。

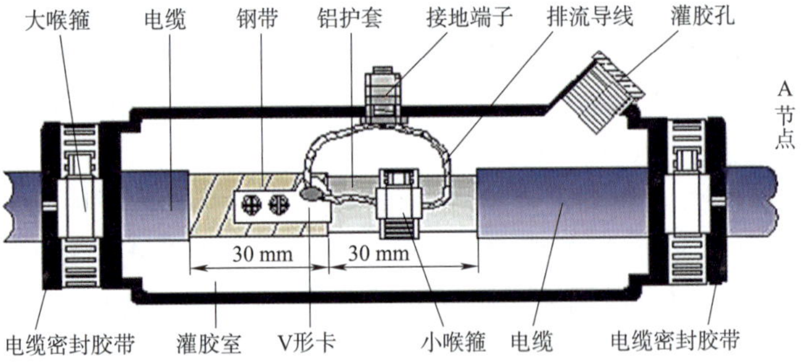

图 3-9　室内一次成端分支示意图

2. 室内二次成端

与一次成端类似，二次成端分支接地铜排也采用不小于 50 mm^2 铜缆，按要求与机房电缆金属护套等电位接地端子板连接。注意制作使用成端盒，并用阻燃防护管防护电缆芯线至成端盒内。对应成端盒端口处缠绕专用密封胶带，缠绕后直径大于成端盒端口内径 5 mm，成端盒接缝处用专用密封胶带做密封处理。组装成端盒时注意灌胶口朝上，成端盒两端使用专用卡箍固定。铜板汇流排下部粘贴雕刻铭牌，分层依次标识电缆的名称、用途。室内二次电缆成端示意图如图 3-11 所示。

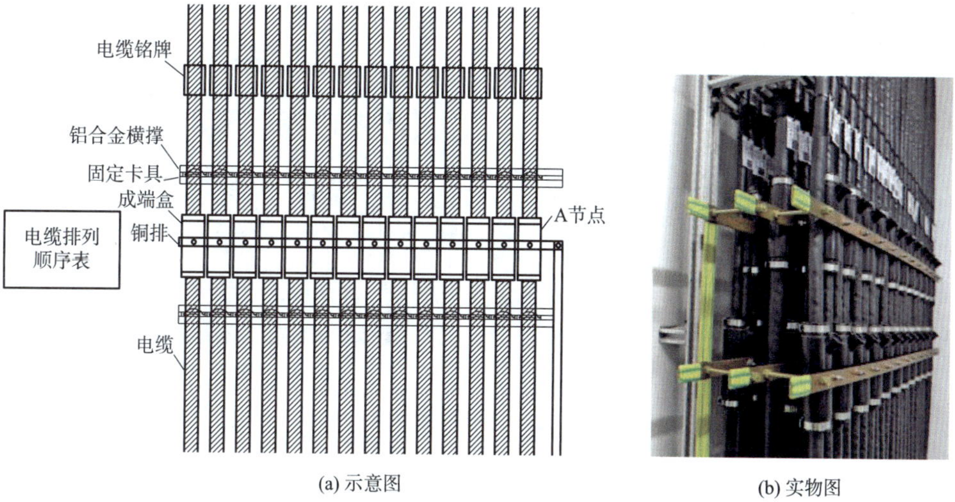

图 3-10　室内一次成端示意图和实物图

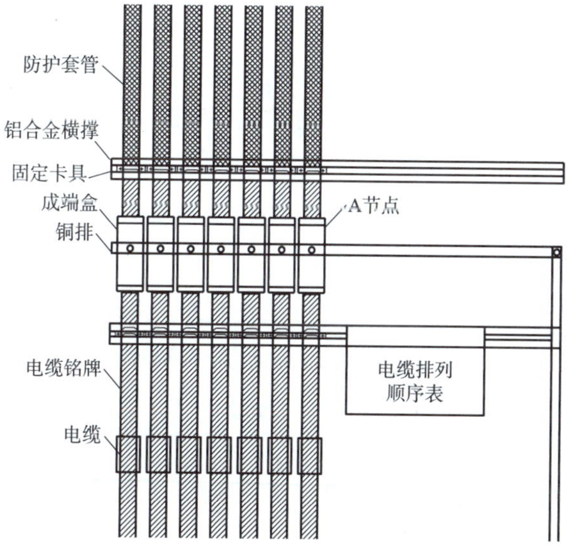

图 3-11　二次电缆成端示意图

每根上架电缆外侧竖向同一水平位置加挂电缆标签，电缆成端应设架有序、整体连接，保证电缆上架走线分层清晰、电缆编号、用途、芯数显示直观。二次成端布置实物如图 3-12 所示。

3. 室外成端

室外电缆成端应按下列要求制作：电缆穿入保护管和密封套后，应将电缆做头部

(a) 普通电缆分线柜

(b) 数字电缆电缆柜

图 3-12　室内二次成端布置实物图

分外护套清洁干净。电缆开剥长度应按箱盒配线要求确定。钢带长度应保留 20 mm，露出铝护套，锯钢带时不应伤及铝护套。保留 20 mm 铝护套，剩余部分锯断后抽出，露出内屏蔽层。锯铝护套时不得锯伤金属内屏蔽层及电缆芯线。剔除铝护套保护层，并用砂纸将铝护套和钢带打毛。保留 40 mm 长的四芯组内屏蔽层，剪除剩余部分，露出电缆芯线。除去内屏蔽层外绝缘层 25～30 mm 后，再剥开内屏蔽层纵缝。使用 U 形卡将 7×0.52 mm 黄绿地线固定在铝护套上，钢带端钻孔并固定螺栓，7×0.52 mm 黄绿地线绕环接于螺栓上，如图 3-13 所示。

图 3-13　室外电缆成端示意图

内衬管应放置在芯线和内屏蔽层之间，压接管应套入内屏蔽层外侧，将扁平铜网依次穿过压接管并套入胶管，屏蔽组内泄流线穿过本组屏蔽层的压接管，然后用专用压接钳进行压接，压接完成后将所有泄流线汇成一股缠绕在所有屏蔽层外侧。所有工序完成后，自电缆开剥处至压接管缠绕绝缘胶带。开剥电缆时应注意保持电缆芯组的自然排序，并用电缆编号扎纱将芯线组缠紧，避免配线时造成芯线混乱。用脱脂棉或白布带将芯线和电缆护套之间的缝隙填塞严密，防止灌胶时胶液渗漏。电缆根部增加长 10 mm、$\phi 6$ 的白色束号管，如图 3-14 所示。

图 3-14　芯组套管标识

3.2.3　信号电缆工程注意事项

信号电缆工程施工需要注意的事项很多，本书主要从施工准备、电缆敷设完毕与结束前灌胶及引入三个阶段进行讨论。

3.2.3.1　施工准备阶段

施工准备的内容包括作业准备和施工准备，作业准备又包括内业技术准备和外业技术准备。内业技术准备内容包括：在开工前组织技术人员认真学习实施性施工组织设计，阅读、审核施工图纸，澄清有关技术问题，熟悉规范和技术标准。制定施工安全保证措施，提出应急预案。对施工人员进行技术交底，并对参加施工人员进行上岗前安全技术培训。

外业技术准备则更加具体，电缆敷设前应严格按程序对土建等相关工程施工的接口、作业面验收交接，并检查是否符合以下 7 条进场条件：

(1)桥、路基、隧道地段，同一区间的电缆槽及衔接部分的槽道已同步建成并贯通。

(2)同一区间预留的手孔(井)已完成，过轨管道与手孔(井)之间已连通，并预留钢丝保持管道畅通。过轨标识如图 3-15 所示。

(3)桥、路基、隧道地段，经过手孔、水沟、路堑、边坡到设备房电缆井的电缆槽、管道应贯通，并在路基、护坡形成前已完成。桥上电缆槽固定示意图和效果图如图 3-16 所示。

图 3-15　过轨标识

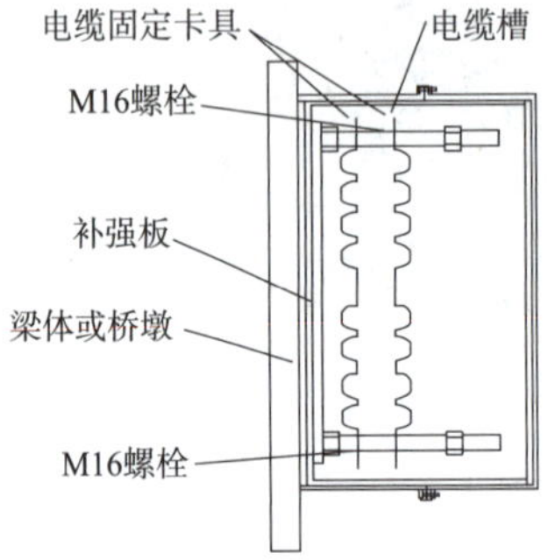

图 3-16　桥上电缆槽固定示意图与效果图

(4)站台电缆槽及出口与相关通道同步建成并贯通；车站站台电缆槽至机械室电缆间的引入槽道(或防护钢管) 已同步形成。站台电缆槽道安装示意如图 3-17 所示。

(5)电缆引入信号设备机房(包括电缆井、引入通道等)具备电缆敷设条件，电缆井电缆隔离及防护示意如图 3-18 所示。

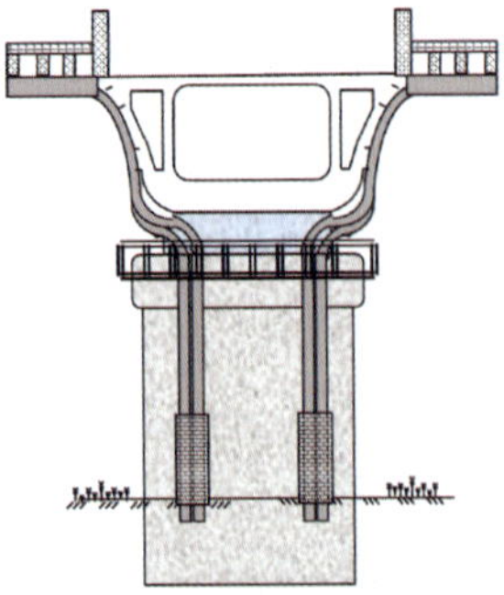

图 3-17　电缆槽道安装示意图

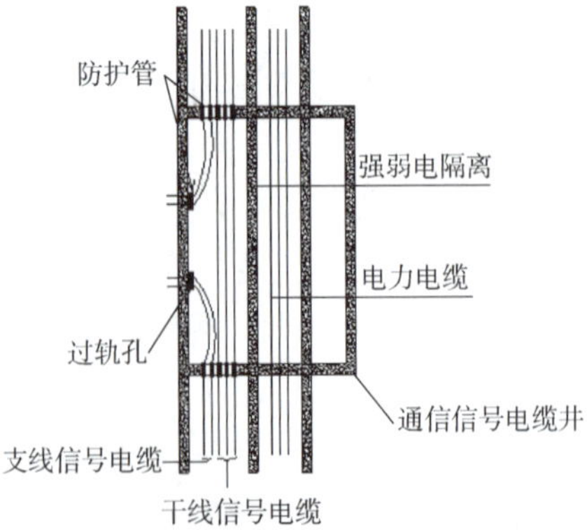

图 3-18　电缆井电缆隔离及防护示意图

(6)桥梁上预留的锯齿孔、电缆槽用爬架滑道齐全。

(7)现场复测已完成,各设备标识已完成。电缆电气测试完成,电缆配盘完成,具备电缆敷设及防护的施工条件。

另外,还需要进行现场清理,如平整、清理出面积不小于 3 m×3 m 的场地,并使场地平整坚硬。敷设前还应清除沟、槽内杂物等,为施工安全和卫生环保奠定基础。站内电缆敷设效果图和综合管沟电缆敷设效果图分别如图 3-19 和图 3-20 所示。

图 3-19　站内电缆敷设效果图

图 3-20　综合管沟电缆敷设效果图

3.2.3.2　电缆敷设完毕阶段

电缆敷设完毕后应及时做好下列保护工作:

(1)定期巡回区间线路,了解掌握电缆线路及区间设备有无受损、被盗等情况。

(2)如遇有其他管线在电缆径路上交越时,应采取必要的保护措施,并记录具体位置。

(3)当区间线路有异常情况时,应采取相应措施,确保电缆及区间设备安全。

(4)信号电缆径路通过站台、挡墙、楼层等地方,电缆应通过爬架上楼方式并固定好,电缆固定间距不大于 2 m。

(5)桥梁下引钢槽地面下部防护:当开挖 500 mm 深钢槽时,地面以下部分埋深不得小于 500 mm;地面以上的电缆槽外部砌砖,高度 2 000 mm;外面用水泥砂浆抹面防护。

(6)电缆间电缆防护:电缆应固定在铝合金支架上;电缆引入间应设电缆排列顺序表;电缆应按用途、去向进行分层排列;电缆布放应均匀圆滑、排列整齐无交叉,符合电缆弯曲半径的要求;电缆引入口应采用防火封堵材料封堵,封口整齐密实。

(7)楼层间电缆防护:应分段固定,分段间距不宜大于 300 mm。电缆终端应加挂铭牌,并标明电缆编号及去向。

(8)分线柜电缆防护:电缆的钢带、铝护套、排流线及内屏蔽层的屏蔽应接地,如图 3-21所示。

图 3-21　车站电缆引入信号机械室效果图

3.2.3.3　灌胶及引入阶段

冷封胶应按下列要求灌注：检查冷封胶包装袋及分隔离条是否完好，严禁使用过期产品，开袋前应将 A、B 两种胶液充分混合。

灌胶前将电缆四线组内芯线分开（图 3-22），芯线间用冷封胶灌注。灌注胶面应高于芯线根部 20 mm 以上。灌注后应检查无漏胶现象。

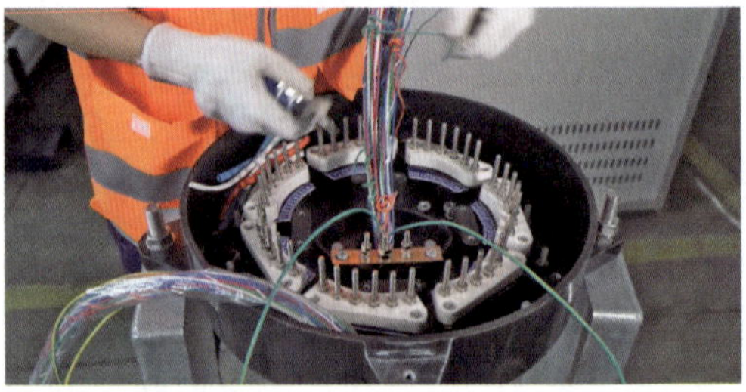

图 3-22　灌胶前分开电缆四线组内芯线

成端灌胶时，需要将电缆端头直立并安放稳固，撕开封灌胶外袋，取出内袋。两手分别捏住内袋卡条两侧边缘，向两侧用力拉，至胶条由槽中滑出，一手捏住塑料槽，一手用力向外拉胶条；反复上下倒折胶袋，双手揉搓（不要留死角），使 A、B 两种胶液充分混合；将胶袋的一角剪开，将胶液由灌胶口灌注到成端盒内。

电缆引入电缆模拟网络防雷接口柜处的接地施工要求：电缆四芯组内屏蔽层在电缆模拟网络防雷接口柜引入口处用双根（提高可靠性）扁平网与电缆模拟网络防雷接口柜预留的电缆屏蔽接地铜排连接，电缆屏蔽接地铜排就近与等电位汇集线连接，连接线应采用截面积不小于 50 mm^2 的带绝缘护套多股铜导线。电缆模拟网络防雷接口柜内屏蔽接地汇集板（DLE）就近与等电位接地汇集线连接，连接线应采用截面积不小于 10 mm^2 的带绝缘护套多股铜导线。电缆模拟网络防雷接口柜内防雷接地汇集板（FLE）就近与分线柜防雷接地汇集线连接，连接线应采用截面积不小于 50 mm^2 的带绝缘护套多股铜导线。

3.3 轨旁信号设备施工

轨旁信号设备的施工与调试涉及箱盒安装、信号机安装、转辙机安装、轨道电路安装、计轴安装、应答器安装、无线接入单元及天线设备安装、信号牌安装、防雷及接地等。这些设备的正确安装和调试对于保障列车运行安全和提高运输效率具有重要意义，下面以信号机与转辙机的安装为例进行说明。

3.3.1 信号机安装

《铁路技术管理规程》(简称《技规》)规定："铁路信号是指示列车运行及调车作业的命令，有关行车人员必须严格执行。"目前我国铁路信号广泛使用透镜式色灯信号机和新型的组合式色灯信号机以及 LED 信号机，这里以普遍采用的透镜式色灯信号机为例进行说明。透镜式信号机又称为多灯式信号机，每一种颜色的灯光都需设一组透镜和一个光源，其结构示意图如图 3-23 所示。其主要优点是结构简单、便于维修，因而广泛应用，但其光源利用率低，而且在曲线上不能保证连续显示。

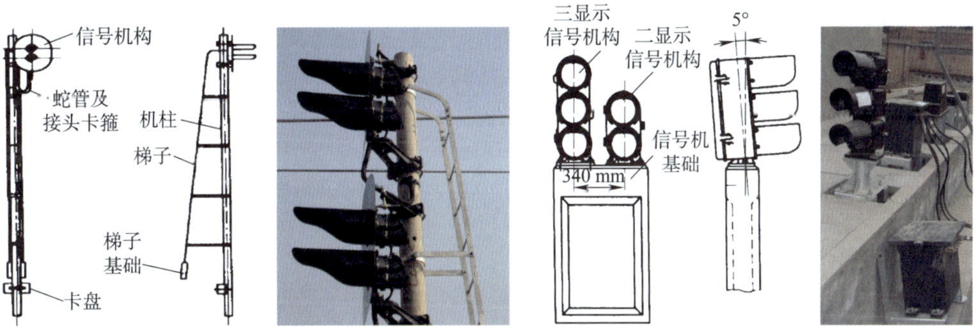

(a) 高柱　　(b) 矮型

图 3-23　信号机结构示意图与实物图

这里以路基处矮型信号机安装为例对信号机的安装进行介绍，路基处矮型信号机安装主要包括以下四步：

第一步：挖坑。根据基础尺寸挖一方坑，坑底距轨面距离根据现场情况确定。

第二步：稳基础。根据基础规格合理配备人员，将基础放入基坑，放入基础时注意使引线管朝向信号机显示反方，基础顶面高于轨面高度根据信号机类型调整，基础边缘距线路中心的距离满足建筑限界的要求。

第三步：信号机构安装。机构底座套入基础螺栓前，使用小铁线从电缆盒内引至机构内，然后将机构底座套入基础螺栓，加弹簧圈拧紧螺母，机构安装牢固，如图 3-24(a)所示。

第四步:信号机设备安装。包括信号机内部线把预制、点灯单元固定[图 3-24(b)]、内部线把连接、信号设备安装(将连接好的信号机设备安装到变压器箱内)、信号机外部线把连接五个子步骤。注意美观、实用、安全,并按配线图配线。

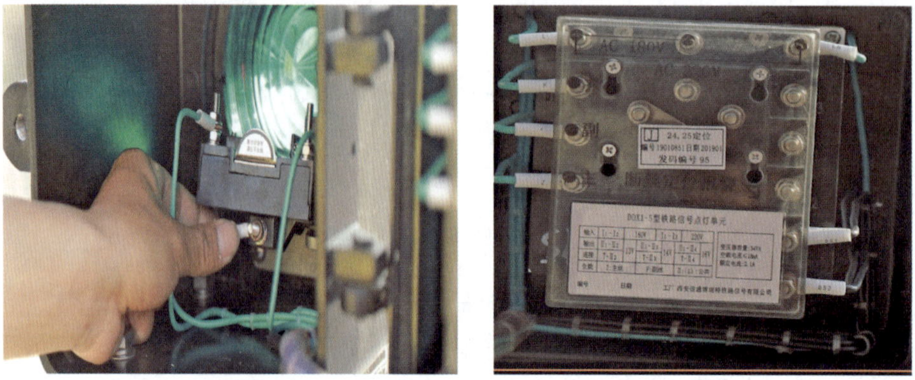

(a) 机构　　(b) 设备

图 3-24　信号机构与设备安装图

3.3.2　转辙机安装

这里以 ZYJ-7 型液压转辙机的安装为例对转辙机的安装进行说明,首先介绍一下道岔与转辙机的结构及其转辙机的作用。

3.3.2.1　道岔结构

道岔是列车从一股道转向另一股道的转辙设备,也是铁路线路中最关键的特殊设备,还是铁路信号的主要控制对象之一。道岔构成示意图如图 3-25 所示。

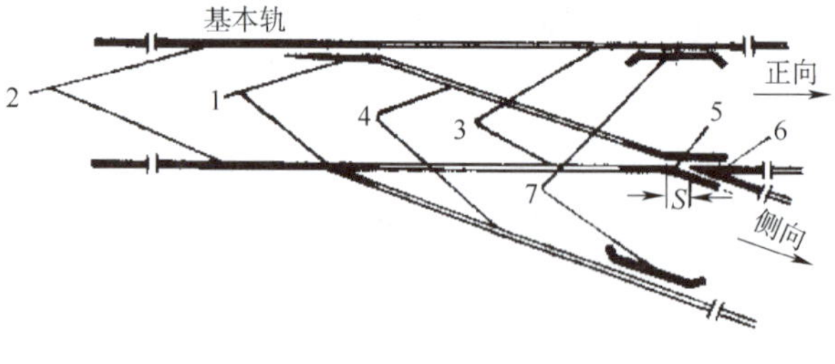

1—尖轨;2—基本轨;3—直合龙轨;4—弯合龙轨;5—翼轨;6—辙叉心;7—护轮轨。

图 3-25　道岔构成示意图

3.3.2.2　转辙机结构

转辙机类型很多,这里以 ZYJ-7 型为例说明其结构与功能。

转辙机的作用主要有:转换道岔的位置(根据需要转换道岔至定位或反位);锁闭

道岔，防止外力转换道岔；正确反映道岔的实际位置；道岔故障时及时给出报警和表示。ZYJ-7 型转辙机的构成如图 3-26 所示。

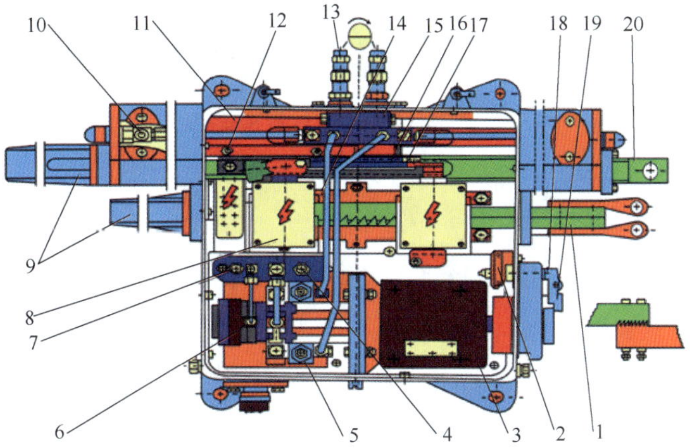

1—表总杆；2—安全接点；3—电机；4—注油孔；5—溢流阀；6—油泵；7—油标；8—接点组；9—保护管；10——动调节阀；11—油缸；12 油杯；13—二动调节阀；14—锁闭杆；15—空动油缸；16—动作板；17—滚轮；18—开关；19—锁栓；20—动作杆。

图 3-26 ZYJ-7 型转辙机构成示意图

3.3.2.3 ZYJ-7 型转辙机安装

ZYJ-7 型转辙机安装过程主要包括以下四步：

第一步：安装外锁闭装置。包括锁闭框、尖轨连接铁、锁闭杆、锁闭铁、锁钩等，注意使用合适的螺栓、防松垫、弹垫、螺母等，及时调整开口销，并通过安装装置的动作拉杆将锁闭杆与转辙机的动作杆连接在一起，给销轴及各摩擦面涂润滑油。

第二步：安装转辙设备。按顺序安装牵引点处基础脱板、横连接板、弯板，注意基础脱板与钢筋混凝土枕上平面间应装 5 mm 厚橡胶板，横连接板与弯板间也应装橡胶垫，必要时还应加装调整垫，以调整转辙机的高低；然后安装表示拉杆；最后用专用注油器注油。

第三步：道岔调整。先通过增加或减少内开程片，进行道岔动程的调整；再增减锁闭铁与锁闭框的调整垫片，完成道岔密贴的调整；最后调整安装装置的长、短表示杆，进行道岔表示缺口的调整。

第四步：送电试验。此过程手动时应可靠切断电机电源。三相交流电源任何一相断电时，室外电机不得启动，在转换过程中任意一相断电，电机应立即停止转换。正常锁闭时，各接点接触良好。电动转辙机在转换过程中应动作平稳，无异常噪声。转辙机的转换时间不得超过 6 s。

部分施工程序如图 3-27 所示。

图 3-27　ZYJ-7 型转辙机安装

3.3.3　轨旁信号设备施工注意事项

信号机与转辙机安装过程都有许多需要注意的事情，本书主要从检查与调整等角度进行讨论。

信号机基础安装时，注意基础坑中心距轨道中心的距离要满足限界要求，底部中心垫平，这样便于放置基础。信号机设备安装时，要检查是否按照信号机室外箱盒定型配线图进行，是否做好了防护。比如，在变压器箱侧由箱子引线孔引线时，要使用保护管防护后再引至变压器箱内，机构侧也要经连接管后引入机构内。

转辙机外锁闭装置安装后要检查道岔开口：首先通过调整安装装置动作拉杆使两侧开口相差不超过 3 mm；然后检查道岔开口符合规定要求，若开口大于要求的最大值时，可通过减少密贴调整片，同时在尖轨连接铁和尖轨间加调整垫调整。比如一动左侧道岔开口为 161 mm 时，可通过减少 2 mm 密贴调整片、加 2 mm 调整垫将道岔开口调整为 159mm。

设备安装完毕还要检查密贴，方法为：在各牵引点锁闭杆中心处插入 4mm 厚、20 mm宽的密贴检查块，外锁闭装置不得锁闭，且不得接通转辙机内表示接点；在相邻两牵引点间任一位置插入 5 mm 厚、20 mm 宽的密贴检查块，不得接通转辙机内表示接点，若不满足要求可通过增减调整片调整，满足要求后拧紧固定锁闭铁的螺母，如图 3-28所示。

图 3-28　ZYJ-7 型转辙机调整

道岔密贴调整时，使尖轨满足 2 mm 锁闭和 4 mm 不锁闭；表示调整时，使密贴轨的锁闭柱与锁闭杆缺口间隙为(2±0.5)mm，密贴轨的检查栓与表示杆的缺口间隙为(4±1.5)mm。

3.4 室内信号设备施工

室内信号设备的安装与调试包括机房条件准备、线槽安装、抗震底座安装、机柜(架)安装、设备配线、控制台及大屏安装、防雷及接地、联锁模拟盘等,这些设备的正确安装和调试是确保信号系统功能正常发挥的关键。这里以室内机柜和电源屏的安装为例介绍室内信号设备的施工方法和注意事项。

3.4.1 室内机柜安装

室内机柜的安装主要包括以下四步:

第一步:室内设备定位。按照设计图总体布局,确定底座安装位置,保证同排的底座前面应在同一直线上,主通道侧的纵向侧面应在同一直线上。

第二步:机柜底座安装。采用合适的膨胀螺栓直接固定在房屋地面上,箱式机房直接焊接在地面上。底座安装后要用水平尺测量,通过增加垫片使底座水平后,最后紧固螺栓。

第三步:机柜安装。机柜与底座间要垫环氧树脂板,并用机柜与底座预留固定孔相配套的高强度尼龙螺栓固定。调整所有机柜正面在同一平面上,并与地面垂直,采用套有绝缘套的螺栓及绝缘垫片将相邻机柜连接,相邻机柜间隙应紧密靠拢。机柜间用 6 mm^2 多股铜线连接以提高可靠性。

第四步:走线槽安装。核对每一段槽道,确定使用的部位,并在槽内铺设绝缘阻燃垫层,槽道内每隔 1 m 处设置一处格栅。注意上走线槽安装与下走线槽安装的差异。安装完毕后,确认各部的安装位置及尺寸是否符合设计要求。

室内机柜的安装部分流程如图 3-29 所示。

图 3-29 室内机柜的安装

3.4.2 电源屏安装

这里对电源屏的安装进行介绍,主要包括以下三步:

第一步:电源屏机柜安装。按照施工平面设计图纸画线,确定电源机柜安装位置,标记各安装孔中心点位置;用冲击钻在标记处钻 105 mm 深孔,并使用吸尘器清除孔内、外部灰尘。将机柜移动到安装位置，使用膨胀螺栓紧固机柜并调节机柜水平。

第二步：整机组装。按机柜上的标记分别将电源模块、监控模块、25 Hz 电源系统隔离组件、提速电源系统变压器等安装到相应槽位中或滑轨支架上，安装完毕后按接线图进行电气连接与布线。

第三步：智能电源屏调试。检查要全面、仔细，安全第一。上电前，先检查机柜内配线、螺钉是否松动，然后检查屏间连接的交流电源线、直流 24 V 电源线、模块通信线、输出空开状态检测线、地线等是否正确；上电时，先将系统所有开关置接通位置，断开输入 C、D 级防雷接线及输出防雷模块。用 500 V 绝缘电阻表分别测量输入接线端子、输出端子对机柜的电阻，测试符合标准后恢复 C 级、D 级防雷接线及输出防雷模块；绝缘测试时，为了保护系统内部监控电路不被损坏，直流 24 V 继电器电源输出端禁止摇测；然后进行主回路与系统完整性检查，分别按下直流屏上插框后部四个交流接触器，用万用表检查输入接线端子上各线，线间不得短路，所有输出断路器之间不得短路；再进行交流输入切换与系统检测，依次接通各输出空开，检测实际输出电压电流值与监控模块显示是否相符。

电源屏安装部分流程如图 3-30 所示。

图 3-30　电源屏的安装

3.4.3　室内机柜与电源屏安装注意事项

室内机柜走线槽安装有不同形式，注意事项也不同。

上走线槽安装时，要先将每架走线槽与机柜相连，然后将相邻架间走线槽两端用螺栓连接，待同排全部连接后再进行排间连接。另外，走线槽不形成环状。若走线槽闭合时，排间必须进行绝缘处理。从线槽底部引出线缆时，拐角及开口处应采取保护措施。

下走线槽安装，要根据走线槽布置图进行槽道连接，槽道下方设置支架，支架高度为 30 mm，支架宽度与槽道宽度相同，相邻支架间隔 1.5 m 左右，槽道连接处增加支架设置，槽道与支架用螺栓固定，支架采用 4×40 mm 镀锌扁钢。

智能电源屏调测前需对模块地址设定检查，设备正常运行后模块地址不允许再改变。电气连接与布线是智能电源屏施工安装过程中的重要一环，要求连接布线前必须将断路器打到断开位置，同时，电源线应使用整段的线料，中间不得有接头。

3.5 铁路信号系统调试

在铁路信号系统的实施过程中，调试是一个非常关键的环节。这里仅对道岔单项试验和室内模拟试验进行介绍。

3.5.1 道岔单项试验

道岔单项试验包括室外操作、室内操作和模拟试验三个调试模块。

(1)室外操作。先打开电动转辙机盖，检查配线连接是否正确，然后安装二极管，最后和室内联系，报告准备完备。

(2)室内操作。先将道岔模拟器试验箱控制线连接到分线盘室外电缆，然后确认试验用三相电源相序或电源极性是否正确，接着连接试验用三相电源至道岔模拟器试验箱，并且加装带漏电保护功能的断路器。最后和室外人员联系，确认可以开始试验。

(3)模拟试验。室内接通断路器，操作道岔模拟器转换道岔；室外确认转辙机动作正常后，通知室内反复操作调整道岔密贴，注意道岔密贴调整后要找回道岔表示，调整摩擦电流要符合技术要求。

道岔单项试验部分流程如图 3-31 所示。

图 3-31 道岔单项测试

3.5.2 室内模拟试验

室内模拟试验包括电源屏调试、空送电、插入设备送电等环节，主要包括以下六步：

第一步：电源屏调试。

(1)先用万用表确认综合电源屏接入的电压是否符合使用要求，再用相序表检测相序。

(2)引入电源符合使用要求后接线。

(3)合上综合电源屏输入开关，观察综合电源屏电压表正常后，试验两路电源切换。

(4)合上交直流电源屏输入开关,用万用表量取各路电源输出端子,当不符合使用条件时对照图纸查找原因,处理故障。

(5)关屏顺序相反。

第二步:空送电试验。

(1)合上交直流电源屏任意一路输出开关,量取组合架零层对应端子应有相应电源,逐架合上相应断路器,量取组合架零层对应端子应有相应电源,其他电源端子应该量取不到。

(2)重复上述动作,直至所有电源全部送上完毕。

(3)当出现异常时,应停止送电,进行检查,故障处理完毕继续上述过程直至所有电源全部送上完毕。

(4)送电完毕,断开组合架全部断路器。

第三步:插入设备送电试验。

(1)将组合架设备逐一进行安装,安装过程应保证逐架安装,安装完一架合上本架零层断路器,检查电源是否有接地、混电。

(2)如果有接地、混电现象应停止设备安装,处理接地、混电,完毕后继续设备安装,直至全部完成。

第四步:联锁采集、驱动一致性试验。

(1)用一个临时 24 V 电源,根据设计文件在驱动、采集接口架上按照设计图纸根据测试需要找到相应端子加电,观察相应继电器是否吸起。

(2)用万用表电阻挡在相应采集端子位置导通,确认采集正确。

第五步:操作台找回错误表示。

(1)连接模拟盘。按照第一步第 4 条各轨道模拟盘电路原理将模拟盘连接在分线盘和相应接口条件。

(2)配合联锁、列控、CTC、TDCS、集中监测设备供应商进行调试。

(3)操作台单项试验。需要对信号机、道岔、轨道电路等信号设备逐一进行单项试验。

(4)冗余设备试验。要做到倒换及时、可靠,倒换前后数据一致,倒换后及时给出报警信息。

第六步:联锁试验。

(1)根据联锁表排列进路试验,并填写试验记录。

(2)零散电路试验。根据设计文件进行主副电源、熔丝报警、联系电路等零散电路试验。

室内模拟实验部分流程如图 3-32 所示。

(a) 模拟盘　(b) 控制柜　(c) 联锁界面　(d) 继电组合

图 3-32　室内模拟试验

3.5.3　铁路信号系统调试注意事项

道岔单项试验时，室内与室外要做好配合，逐级、逐个完成模拟调试。比如，道岔密贴调整完毕，要及时找回道岔表示，室内外共同确认转辙机表示与室内操作意图一致并正确。逐级断开转辙机、密贴检查器中任意一组表示接点，必须切断相应表示电路；断开转辙机挤岔销检查接点，必须切断相应表示电路；断开转辙机安全保护接点，必须切断相应启动电路。

室内模拟试验，尤其操作台单项试验，必须在完成“联锁采集、驱动一致性试验”与“多系统厂家联调”等工作后，逐一对室外三大件进行检查。每个信号机都要试验信号机开放灯光和信号显示关系图一致，能够实现灯光转移和信号故障降级；根据操作台显示进行道岔单操试验，检查表示继电器、2QDJ、联锁表一致性，切断道岔表示断路器能断开道岔表示，切断道岔启动断路器能断开道岔启动电路。操作台对道岔单独锁闭后，排列与单独锁闭道岔位置相反的进路时，该道岔不能转换。多动道岔总表示应检查每一级分表示；轨道电路试验，应检查“三个一致”，轨道继电器状态和操作台显示是否一致，轨道继电器区段位置和操作台是否一致，轨道电路码序是否与设计文件相符。

3.6　铁路信号系统施工安全

铁路信号设备施工时都要遵守相关技术规范，这样各种施工操作才能真正规范化执行，尤其要注意质量控制与安全要求两方面，从而减少施工问题的出现。

施工依据的标准、规范和要求主要包括：

(1)《铁路技术管理规程》高速铁路部分(TG/01—2014)；

(2)《铁路信号设计规范》(TB 10007—2017)；

(3)《高速铁路信号工程施工技术规程》(Q/CR 9607—2015)；

(4)《高速铁路信号工程细部设计和工艺质量标准》(Q/CR 9521—2018)；

(5)《高速铁路信号工程施工质量验收标准》(TB 10756—2018)；

(6)《铁路工程基本作业施工安全技术规程》(TB 10301—2020)；

(7)《铁路通信、信号、信息工程施工安全技术规程》(TB 10307—2020)；

(8)《铁路信号工程施工质量验收标准》(TB 10419—2018);

(9)工程相关设计施工图纸。

3.6.1 信号电缆工程施工安全

3.6.1.1 铁路信号电缆防护施工安全

1. 质量控制

铁路信号电缆敷设前,按照设计图纸复测,确认电缆规格型号;铁路信号内屏蔽数字电缆分 A、B 类型,注意两者区别,B 型只有四线组,A 型除了四线组还有其他芯线,如图 3-33 所示;保证防护管、电缆封端热缩套管、油浸麻袋片、管口防护套的正确使用,手孔、人井内的电缆与其他电缆无物理隔离时应加防灾电缆标志;敷设过程中,严格执行工序标准,合理组织人员,正确使用地滑轮等工具,防止出现拉伤、擦伤、背扣等现象。放入沟槽的电缆应平顺不交叉、不背扣,弯曲半径、备用量要满足要求。电缆防护保证验标要求。

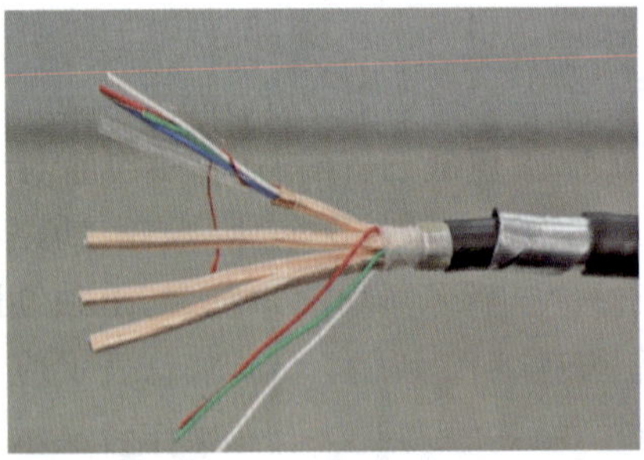

(a) A型

(b) B型

图 3-33 不同类型铁路信号内屏蔽数字电缆

信号电缆成端必须满足电缆弯曲半径的要求;开剥电缆时,防止损伤到电缆芯线;阴雨雪天气禁止进行电缆测试。

2. 安全要求

电缆装卸应采用叉车、吊车等专用装卸机械,由专人负责统一指挥。注意装卸过程中电缆的防护工作和作业人员安全。将电缆盘在车厢内利用支撑、防滑桩、钢绳等固定好。电缆要放置在平稳地段,并利用三角木等防滑物品将电缆固定。施工地点应设警示标志,隧道内施工应设警示灯。施工中使用的机具应安放平稳,牢固。施工点应设专职安全员负责现场安全工作。开挖沟槽无法恢复需过夜的,应设警示标志,必要时派人看守。高架桥防护栏未安装时,敷设电缆作业人员应走在防撞墙内侧。在电缆敷设过程中需转弯、穿越障碍时,要有专人看守,以免电缆损伤。敷设后的空电缆盘,应将电缆横倒以免滚动伤人。

3.6.2 轨旁信号设备施工安全

1. 质量控制

信号机安装时要检查信号机安装限界:信号机建筑接近限界符合铁路建筑限界要求,所有信号设备均不得侵入建筑限界;地线连接符合标准;检查灯光显示距离和显示方向:信号机的位置和显示方向应保证从列车上看不至于将信号机误认成相邻线的信号机;基础(支架)等信号机构内设备检查:应安装平稳、牢固,配件齐全,光源应调整在透镜的焦点上;信号机名称符号应与竣工图相符,字迹清晰、端正,如图3-34所示;高柱信号机与地面垂直度:高柱信号机与地面垂直度符合规范要求。

(a) 上行进站信号机

(b) 下行4股道出站信号机

图 3-34 信号机名称相符,字迹清晰、端正

转辙机安装时,道岔动程必须符合相关标准。第一、第二、第三牵引点外锁闭杆中心线处有4 mm及以上间隙时,道岔不能锁闭。尖轨两牵引点之间有5 mm及以上间隙时,道岔不锁闭或不接通表示。转辙机应与道岔基本轨平行,外壳两端与基本轨的距离偏差不应大于3 mm。外锁杆和转辙机动作杆应平直在同一轴线上。

2. 安全要求

搬运、装卸设备材料时,要统一指挥,统一呼号。如信号机立柱施工时,应有专人统一指挥,设一名专职安全员并配备足够的人力,组织得力、分工明确、听从指挥;立机柱时,将大绳拴在距离信号机机柱顶端1 500～2 000 mm的位置,防止出现倒杆、滑杆的现象,在机柱长度半径范围内不允许站人;挖坑时必须注意土质,遇到流沙或渗水时,应采用支护模板进行防护。施工过程中所有机具、材料不得侵入铁路限界;施工过程中要设安全防护员,负责施工安全联络及防护;道岔转换前确认尖轨与基本轨间无杂物,尖轨上无人员站立;转辙设备搬运过程中采用搬运工具搬运,不能用手抬。

3.6.3 室内信号设备施工安全

1. 质量控制

室内机柜安装时，机柜柜门应自由关合，无卡阻；配线应使用阻燃型配线电缆、软线；各种线缆应有分隔措施；机柜与墙体绝缘；机械室不满足设备使用环境时，应采取防护措施。

电源屏安装时，随时监控系统是否有通信中断、监测与实测误差大、误报警、错报警等故障。另外，把控智能电源屏散热性。由于智能电源屏主要为电子元器件，且24 h不停转工作，若散热性不好将严重损坏电子元器件、降低其寿命。

2. 安全要求

施工人员进入现场，必须穿安全防护服，戴安全帽，并根据相关要求配置其他防护用品；使用发电机时应使用专用插头，电源插座必须有漏电保护器；搬运机柜配备足够人力，专人指挥；室内按消防要求配备灭火器材，室内禁止存放易燃易爆物品；不得在室内使用发电机；临时照明应使用标准作业灯，使用临时电源时应设置带有漏电保护装置的配电箱，临时用电应设专人管理。

3.6.4 铁路信号系统调试施工安全

1. 质量控制

道岔单项试验时要求道岔转换和表示与操作意图一致并正确，道岔和信号机单项试验时都要做好室内与室外人员的沟通，如图 3-35 所示。

图 3-35 室外操作人员与室内配合人员通过对讲机沟通

室内模拟试验时，要按照联锁表进行逐项试验，试验记录完备，零散电路试验项目齐全。

2. 安全要求

施工应设置防护员，防护员须持证上岗，带齐防护用具；作业人员进入现场，必须穿安全防护服，并根据相关要求配置其他防护用品（安全帽、防护灯、通信工具等）；作业人员在电气化区段上道施工时必须穿绝缘鞋；施工过程中所有机具、材料不得侵入铁路限界；需转动道岔时，作业人员应确认尖轨与基本轨之间无异物，尖轨上无人员站立；有车辆运行区段试验完毕道岔恢复原始位置；室内按消防要求配备灭火器材，禁止存放易燃易爆物品；使用临时电源时应设置带有漏电保护装置的配电箱，临时用电应设专人管理。

3.7　动手扫一扫，我来演示你来看

视频 8　铁路信号电缆的基本概念

视频 9　信号电缆的结构

视频 10　单盘测试之电缆剥头

视频 11　单盘测试之绝缘电阻测试

视频 12　电源屏底架支座的安装

视频 13　电源屏的安装

视频 14　出站信号机安装时的电线长度定测

视频 15　出站信号机的机构配件安装

视频 16　信号机单项试验之分线盘送电

视频 17　信号机单项试验之灯丝转换试验

视频 18　ZYJ7 型电液转辙机的安装

视频 19　道岔单相试验之室内外模拟试验

第 4 章 铁路牵引供电系统施工与安全

4.1 铁路牵引供电系统概述

铁路牵引供电系统是电气化铁路从电力系统接引电源，降压转换后给电力机车供电的电力网络，由牵引变电子系统和牵引网子系统两部分组成，如图 4-1 所示。

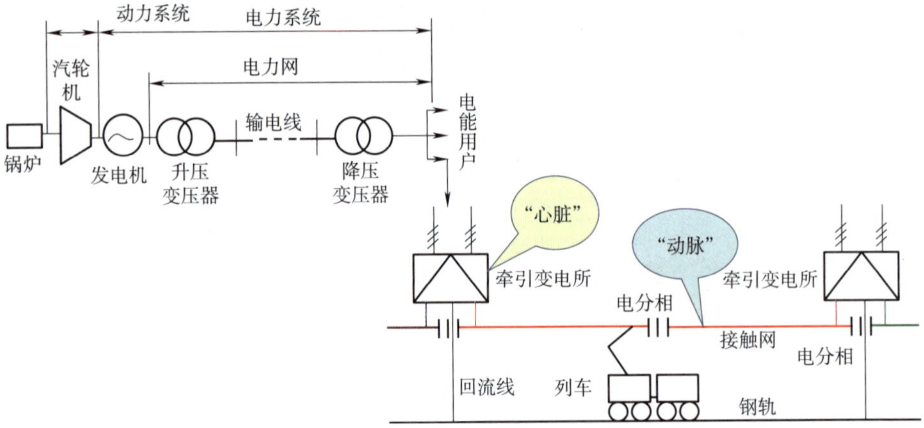

图 4-1 电力系统、牵引变电、牵引网关系示意图

牵引变电子系统包括图 4-2 所示的牵引变电所、分区亭、开闭所、AT 所等供电设施，其作用主要有：改变电压等级，将 110 kV/220 kV 电压降至27.5 kV/55 kV；改变电流制式，例如根据铁路供电要求将三相电变单相电或者交流电变直流电；控制分配电能，即通过馈线断路器、馈线隔离开关、电缆或者架空线等设备将电能输送、分配至接触网，从而进一步传输给电气化铁路。

牵引网子系统包括接触网（承力索、接触悬挂、接触线、正馈线、架空地线、吊弦等）、支持装置、定位装置、支柱与基础、大地、钢轨、回流线等设施，如图 4-3 所示，是沿电气化铁路电动车辆运行线路架设的特殊形式的供电线路，通过这些线路，最终完成对电力机车的送电任务。

图 4-2　牵引变电所

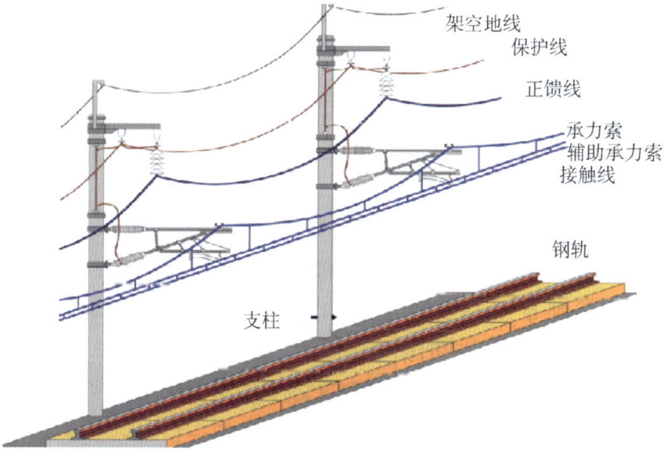

图 4-3　牵引网子系统构成示意图

4.2　牵引变电所构支架施工

电气化铁路稳定运行的过程中，牵引变电所的构支架作为保障的基础之一，扮演着非常重要的角色。牵引变电所、亭钢构架组立的工序流程为：施工准备→构架立柱吊装→构架横梁吊装→设备支架组立→施工结束、清理现场。本节将从构架立柱与横梁吊装、设备支架组立两个角度进行讨论。

4.2.1　构架立柱与横梁吊装

1. 构架立柱吊装

根据起重机停靠位置及吊臂长度，确定吊绳绑扎位置，指挥起重机将立柱吊离地面转到基础上方，使其根部安装孔与基础预埋螺栓相对，然后落钩就位，用螺帽将其固定。同一组构架支柱立完后要进行垂直度调整和相对位置的测量检查，如有偏差应调整至正确位置，如图 4-4 所示。

图 4-4　构架立柱吊装施工图

2. 构架横梁吊装

横梁吊装时，在横梁两侧应绑扎晃绳引导，正式起吊前应提前试吊，保证正式吊装时安全作业。横梁起吊过程中应平稳、缓慢，并随时观察周边情况，以免发生意外，揽风绳作业人员密切关注横梁起吊状态；横梁吊到立柱点后，配合吊机缓慢调整横梁立柱安装孔的位置。

使其安装孔与支柱安装孔相对，用螺栓加以固定，注意横梁起拱方向和挂线环安装方向与施工图相符，挂线环应在横梁的顶面，如图 4-5 所示。

图 4-5　构架横梁吊装施工图

4.2.2　设备支架组立

设备支架可吊装也可用人工组立，在组立时应注意支架方向与施工图相符，同一轴线上支架组立完成后要逐个进行调整，确保其本体垂直且位于同一安装轴线后再加以固定，如图 4-6 所示。

4.2.3　牵引变电所构支架施工注意事项

施工前对施工人员进行安全技术交底，并填写交底记录；平整场地，根据现场实际情况确定组立顺序，以利于吊车及人工作业；复测构架基础面标高是否满足设计要求；核实预埋螺栓尺寸及构支架底座螺孔尺寸，允许误差为2 mm，检查预埋螺栓露出基础面高度是否符合要求,如图4-7所示;构架和设备支架应分类运到安装位置附近,并按规定进行外观及质量检查,并对变形产品进行矫正,恢复结构形状。

(a) 吊装　(b) 组立　(c) 测试　(d) 调整

图4-6　设备支架吊装、组立、测试、调整

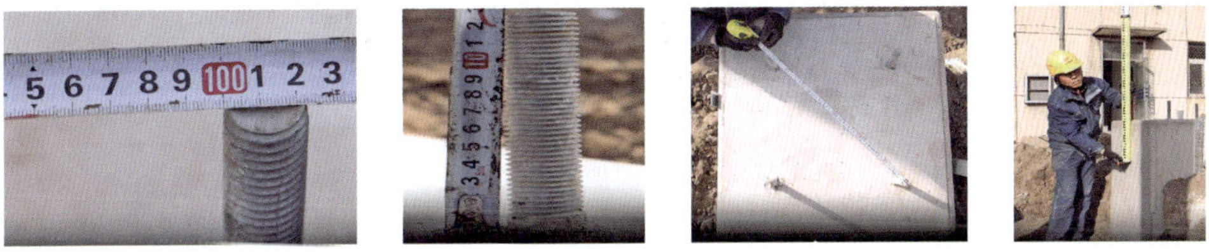

图4-7　施工前各种核实、测量

4.3　变电所防雷与接地装置施工

防雷和接地在电气化铁路变电所领域的应用非常广泛,变电所是电力系统的重要组成部分,一旦发生雷击事故,电气设备的内绝缘会受到损坏,绝大多数不能自行恢复。防雷与接地装置中最重要的设施是扁钢,扁钢接地网及接地母线安装的工序流程为:施工准备→测量布设→地网沟开挖→接地网敷设→地网沟回填→接地母线安装→接地电阻测试→填写隐蔽工程记录→施工结束、清理现场。

4.3.1　扁钢接地网安装

扁钢接地网的安装主要包括测量、开挖、敷设、回填四步,实际施工时对接地网系按挖一部分、敷设一部分、焊接一部分的程序进行,以减少沟壁坍塌,减少清土量。

第一步:测量布设。按施工图纸要求确定变电所内接地体设置的位置及走向,用白灰粉做出明显的标志。

第二步:地网沟开挖。从变电所一侧平行地向另一侧开始开挖接地网沟,并将弃土统一堆放在土沟一侧,以便于接地体敷设;用水准仪测定已挖好的、有代表性的土沟沟底的标高,其深度应满足设计规定,通常开挖深度应比设计值深50~100 mm。

第三步:接地网敷设。按每条均压带长度将扁钢在地面上沿沟边焊接成一整根,并按施工图纸标定位置在接地网沟中打入接地极;把焊接好的整根均压带调直,每

10 m设一个人，将其呈直立状态敷设于土沟中，并分段回填一些细土，使其保持直立；分段焊接已敷设好的均压带。

第四步：回填。接地体敷设完毕土沟需要回填，准备回填隐蔽前，提前48 h通知监理验收，并备好验收记录，经监理公司签字后方可隐蔽；回填土前应固定好扁钢；回填时土沟底部应平整、无积水、无碎石；回填土内不应夹有石块和建筑垃圾等；外取的土壤不得带有较强的腐蚀性，回填时应分层夯实。

扁钢接地网安装如图4-8所示。

(a) 定点撒白灰　(b) 测定　(c) 挖沟　(d) 敷设

图4-8　扁钢接地网的安装

4.3.2　接地母线安装

接地母线的安装过程可以分为以下四个步骤：

第一步：电焊接地母线。在电缆沟沿上，将刷好漆的每2～3根接地扁钢分部焊接成若干段。从电缆沟的一个终端开始，把各长段接地母线分段立于沟内电缆支架预埋件的上沿，将其紧贴沟壁，点焊在预埋件上。每点焊好两长段接地母线后，即用电焊把它们的接头焊好。

第二步：安装接地母线。为避免在电缆沟内重复作业，电缆支架最好与接地母线同时安装，这既方便施工，又有利于提高接地母线装固强度。安装接地母线同时，应顺便将引入电缆的电缆管和电缆支沟分支处的预埋型钢接地。

第三步：安装室内高压配电装置的接地母线(干线)。先将各段母线卡在墙上固定沟内，再把分段母线点焊在一起，然后从固定钩上取下，把各接头焊好、调直，再重新将其整段卡在固定钩内。

第四步：与室外接地网连接。从室内一侧逐个将固定钩与接地母线焊在一起，最后将从室外接地网引入的接地线与室内接地母线连接起来。所有的接地母线接头在安装结束后，均应清除干净焊药及除锈，并进行补漆处理。

接地母线安装部分工作如图4-9所示。

4.3.3　扁钢接地网与接地母线安装注意事项

为便于与水平接地体焊接，扁钢接地网敷设打入接地极时应保证其有一个棱边与土沟平行；在接地极难以打入的土壤坚实地带，可用洛阳铲钻孔，再将接地极直接埋入孔中夯实。

(a) 接地母线预配

(b) 接地极打入

(c) 焊接

(d) 固定

图 4-9 接地母线的安装

焊接时各均压带及与接地极之间的"T"或"＋"形连接部位均应加焊连接条；在焊接部位的"T"或"＋"连接部位均匀涂刷防锈漆，确保涂层的完整度和密度。另外，焊好的接地网在检查合格后，即可分层回填夯实，余土应在土沟上培起，使其自然下沉，以免最终场地不平，如图 4-10 所示。

(a) 刷漆

(b) 挖沟

(c) 合格检查

图 4-10 扁钢接地网与接地母线安装的注意事项

接地网及接地母线安装结束后，应及时进行接地电阻测试，测试值应符合设计规定，并及时填写隐蔽工程记录，清理现场，检查施工工具、设备等是否归位。

4.4 开关设备施工

开关设备包括断路器、隔离开关、熔断器、负荷开关、自动重合器、自动分段器等，如图 4-11 所示。断路器主要起控制和保护作用，控制指根据电力系统的运行要求接通或断开工作电路，保护指"当系统中发生故障时，在继电保护装置的作用下，断路器自动断开故障部分，以保证系统中无故障部分的正常运行"；隔离开关是一种主要用于"隔离电源、倒闸操作、用以连通和切断小电流电路"，无灭弧功能的开关器件；熔断器是一种保护电器。它串联在电路中，当电路发生短路或过负荷时，熔体熔断，切断故障电路使电气设备免遭损坏，并维持电力系统其余部分的正常工作。本节以断路器的安装为例讨论开关设备的施工方法和注意事项。

4.4.1 SF_6 断路器安装流程与准备工作

六氟化硫断路器是利用六氟化硫（SF_6）气体作为灭弧介质和绝缘介质的一种断路

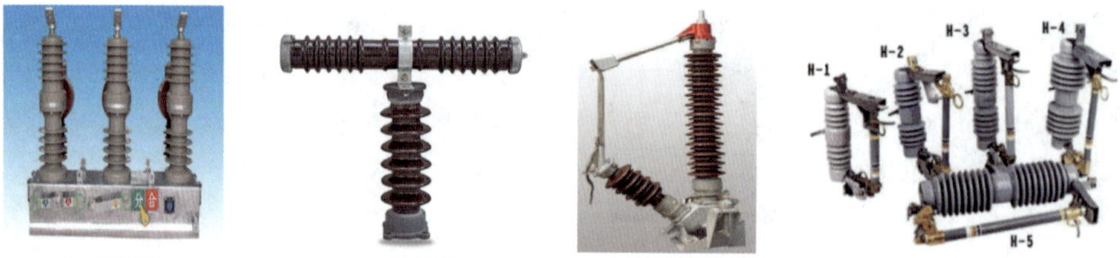

(a) 断路器　(b) 熔断器　(c) 隔离开关　(d) 跌落开关

图 4-11　常用开关设备

器，它不仅能够关合、承载和开断正常回路条件下的电流，还能在规定的时间内关合、承载和开断异常回路条件下的开关装置。SF_6 断路器具有优良的灭弧性能和绝缘性能，它不仅具有结构简单、工艺及密封要求严格、对材料要求高、体积小、质量轻等结构特点，还具有维护工作量小、噪声低、检修周期长、运行稳定、安全可靠、寿命长、可频繁操作等应用特性。主要用于110 kV及以上大容量变电所及频繁操作的场所，当用于封闭式组合电器时，可节省占地面积。

断路器的安装要按一定的步骤走。牵引变电所户外 SF_6 断路器安装的工序流程为：施工准备→支柱、框架及机构箱安装→单极灭弧室安装→SF_6 管道连接→二次配线→接线端子安装→行程测量→抽真空、充 SF_6 气体→检查测试→填写设备安装检查证。施工准备的部分流程如图 4-12 所示。

(a) 开箱检查　(b) 支柱　(c) 框架安装

图 4-12　SF_6 施工准备

4.4.2　SF_6 断路器安装

1. 单极灭弧室安装。该过程包括以下几步：

(1)将灭弧室缓慢、平稳吊装至地面，安装底部固定螺栓，并用电动扳手快速紧固。

(2)在单极灭弧室顶部对称系紧尼龙吊绳，利用灭弧室底部的保护弯板进行水平至垂直状态的翻转。一人指挥吊机，两人帮衬断路器移动，吊机缓慢将断路器垂直立起并平稳移动。

(3)使灭弧室轴线与相应相序的机构顶板法兰中心线重合在同一轴线上，缓缓下落灭弧室，注意 SF_6 阀门方向，小心落入机构箱内。再使螺杆全部进入顶板法兰的相应孔内，并缓缓落下单极灭弧室。

(4)使灭弧室平稳落至法兰面上，先预紧螺母，再松开吊绳，最后对称紧固所有螺母。

(5)重复以上工作，使三极灭弧室按各自相序就位。吊装就位过程中需要两人相互配合，就位后用电动扳手进行螺栓紧固，安装过程中要着重注意断路器灭弧室的方向问题。

(6)操作装置安装及操作杆连接按照产品说明书的要求进行。

2. SF_6 管道连接。这个过程比较简单，先取下阀 E 的盖板，用无水酒精擦净阀门、气管法兰的连接面及 O 形密封圈。再将密封胶涂在阀门的密封槽内，装入 O 形密度圈，最后用螺栓连接气管。

SF_6 断路器安装如图 4-13 所示。

(a) 设备吊装　　(b) 安装　　(c) 连线

图 4-13　SF_6 断路器安装及连接

4.4.3　SF_6 断路器安装注意事项

施工前要做好施工准备工作，除了人员、材料、工具等方面的准备，还需要完成支柱、框架及机构箱的安装与配线。按照产品说明书的要求固定两侧支架，注意机构箱的朝向，用固定角钢将两侧支架连接并紧固；起吊机构平稳、缓缓落于基础上，紧固地角螺栓，检查整个机构有无前后、左右倾斜，并用调整垫调整。

施工结束前要记得为断路器抽真空、充 SF_6 气体。断路器出厂时已充有 0.03 MPa 的 SF_6 气体，安装补气前，首先确认体内气体压力，初步掌握漏气情况，然后再充入合格的气体至额定气压；如检测不合格，则应将体内 SF_6 气体抽出，并抽真空，再注入高纯氮清洗，直至合格，最后注入合格的 SF_6 气体。SF_6 断路器安装的部分注意事项如图 4-14 所示。

(a) 机构箱配线　　(b) 连接充气罐　　(c) 充气　　(d) 压力检测

图 4-14　SF_6 断路器安装的部分注意事项

4.5 接触网设备施工

接触网是牵引供电系统的一部分，可分为架空式和接触轨式（第三轨接触网如图 4-15所示）接触网两种，架空式按其接触悬挂的不同又可以分为刚性和柔性接触网。刚性接触网适用于地下线路，接触轨式和柔性接触网在地下、地面、高架线路均有使用。本书以广泛使用的柔性接触网的施工为例说明，它由承力索、吊弦、接触线、支持、定位与补偿等装置构成，如图 4-16 所示。

图 4-15 第三轨接触网

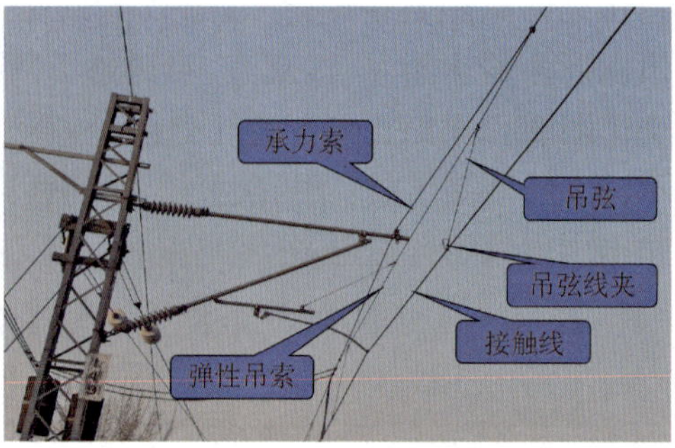

图 4-16 架空接触网构成示意图

4.5.1 支持定位装置安装

支持装置是用来支持接触悬挂的装置，可以将接触悬挂的全部负荷传给支柱或其他建筑物，包括平腕臂（水平拉杆）、斜腕臂、棒式绝缘子（悬式绝缘子串）及吊挂接触悬挂的全部设备；定位装置是夹持并固定接触线位置的装置，在受电弓滑板运行轨迹范围内，保证接触线与受电弓不脱离，使接触线磨耗均匀，同时将接触线的水平负荷传给支柱的装置，由定位管、定位器、定位底座、定位环、定位线夹及其他连接零部件组成。支持定位装置（图 4-17）的安装质量直接关系到受电弓与接触线能否接触良好，进而影响列车运行安全。

定位装置安装过程如图 4-18 所示。两名作业人员登上梯车顶部，将安全带钩在接触线上；将预制好的定位管提升到梯车上，一人靠近腕臂，将安全带钩在上方承力索上。作业人员扶起定位管，将定位管的定位钩与腕臂上定位环相连接；保持腕臂定位环垂直位置，用力矩扳手拧紧紧固螺栓至标准力矩；用铁丝将承力索支撑线夹处和定位管钩头卡子处临时固定；再安装其他定位装置，并进行测试调整。

4.5.2 补偿装置安装

接触网补偿装置，又称张力自动补偿器，作用是补偿线索内的张力变化，使张力保

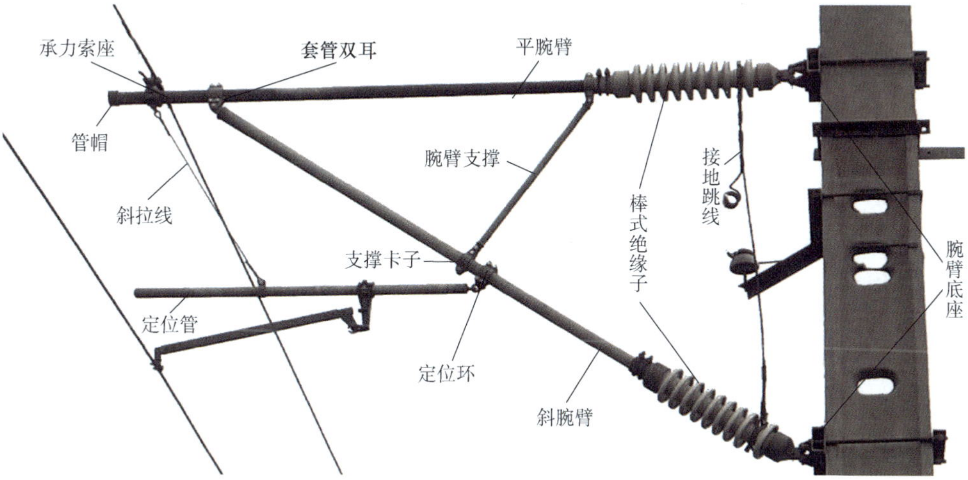

图 4-17　接触网支持定位装置构成示意图

(a) 定位管一侧安装　(b) 定位管另一侧安装　(c) 定位管位置调整固定

图 4-18　安装定位装置

持恒定。补偿方式包括半补偿和全补偿，如图 4-19 所示。仅有接触线通过自动张力补偿装置下锚的补偿方式叫作半补偿，承力索与接触线均通过自动张力补偿装置下锚的方式叫作全补偿承力索与接触线均通过自动张力补偿装置下锚的方式叫作全补偿。全补偿为干线铁路接触网的主要补偿形式。

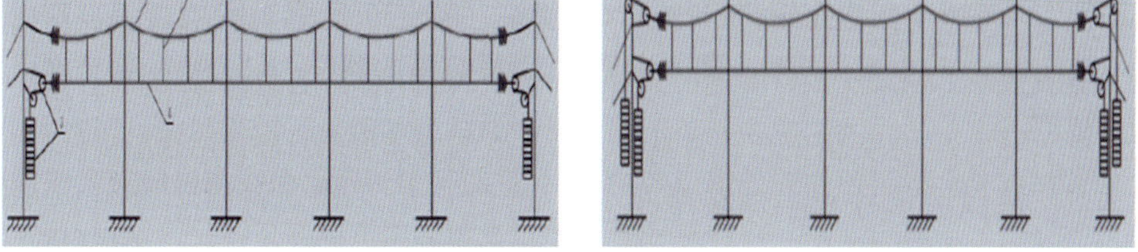

(a) 半补偿　(b) 全补偿

图 4-19　接触网补偿装置示意

补偿装置包括滑轮、棘轮等，这里以棘轮的安装为例讲解外棘轮补偿装置的安装方法和注意事项。棘轮补偿装置是电气化铁路接触网承力索和接触线保持恒定张力的关键装置，设在锚段的两端，串接在接触线、承力索内，能自动补偿接触线或承力索的张力。棘轮补偿装置还具有快速制动作用，可防止断线时坠砣串落地而造成事故扩大、恢复困难。

棘轮补偿装置安装的工序流程为：施工准备→安装棘轮下锚底座→安装棘轮装置→施工结束，清理现场。

1. 安装棘轮下锚底座

两人上杆，固定好小绳滑轮，系好安全带；由地面人员配合对应轨面标记按设计要求测量并确定安装高度并做好标识；用小绳吊起底座上底板，杆上人员妥善放置；用小绳吊起底座本体至安装位置，保持悬吊状态。为便于吊装，可在本体上横向插一根螺栓作为捆扎点；为便于安装，先松开接底座本体和上底板上的紧固螺栓，杆上两人配合连接底座本体和上底板，如图 4-20 所示。

(a) 测量、标记　(b) 运输　(c) 安装

图 4-20　棘轮下锚底座的测量、标记、运输、安装

2. 安装棘轮设备

由地面人员配合用小绳吊起工厂预配好的棘轮补偿装置，杆上人员将棘轮连接架卡在底座上固定角钢、下固定角钢之间。再将一端装好螺母和开口销的长螺栓销从下部依次穿入底座下固定角钢、棘轮连接架、底座上固定角钢，装好长螺栓销上端的螺母。安装完成，杆上人员回收小绳及滑轮，拆下吊装用的螺杆，返回地面，部分动作如图 4-21 所示。

4.5.3　接触网设备施工注意事项

由于接触网具有没有备用、经常处在动态运行中、结构复杂、技术要求高等工作特点，所以其悬挂应弹性均匀、高度一致，这样才能保证列车在高速运动和恶劣气象等条件下也可以正常取流。

(a) 运输　　(b) 安装

图 4-21　棘轮的运输、安装

因此，定位装置安装完毕一定要进行测量调整，如图 4-22 所示。具体方法：先将梯车移出悬挂点，然后用激光检测仪复检拉出值是否符合设计要求并记录，如未达标应进行相应调整，梯车移回悬挂点。测量偏移量，确定调整位置。松开定位器的定位线夹，移动到调整位置。用力矩扳手拧紧螺栓至标准力矩，注意保持接触线垂直状态。重新移开梯车，用激光检测仪复检拉出值是否符合设计要求并记录，直到符合要求为止。

(a) 梯车移出悬挂点　　(b) 用激光检测仪复检拉出值　　(c) 梯车移回悬挂点调整

图 4-22　测量调整

4.6　牵引供电设备施工安全

牵引供电设备施工依据的标准、规范和要求如下：

(1)《客货共线铁路电力牵引供电工程施工技术规程》(Q/CR 9658—2017)；

(2)《铁路电力、电力牵引供电工程施工安全技术规程》(TB 10308—2020)；

(3)《高速铁路电力牵引供电工程施工技术规程》(Q/CR 9659—2015)；

(4)《高速铁路电力牵引供电工程施工质量验收标准》(TB 10758—2018)；

(5)《铁路工程基本作业施工安全技术规程》(TB 10301—2020)；

(6)《铁路电力牵引供电工程施工质量验收标准》(TB 10421—2018)；

(7)《高速铁路电力牵引供电工程细部设计和工艺质量标准》(Q/CR 9523—2018)；

(8) 工程相关设计施工图纸。

4.6.1 牵引变电所构支架施工安全

1. 质量控制

(1)按照《高速铁路电力牵引供电工程施工质量验收标准》中的规定进行校验，填写质量验收记录。

(2)紧固件应齐全，螺栓宜露出螺母 2～5 扣；紧固力矩值符合相关要求。

(3)横梁安装应注意起拱方向，应符合设计要求。

2. 安全要求

(1)进入作业现场的施工人员必须戴安全帽，高处作业人员需正确佩戴安全带；作业必须由专人负责指挥，口令及信号应清楚、准确。

(2)在起吊作业中，起重物和起重臂下严禁有人站立或停留，起吊时必须进行试吊检查。

(3)调整钢结构和支架位置时，不得松动晃绳，且尾绳应稳定。

4.6.2 变电所防雷与接地装置施工安全

1. 质量控制

(1)接地网及接地母线的规格、型号，以及接地电阻应符合设计要求。

(2)接地体的埋设深度不小于 0.7 m，人行过道处埋设深度不小于 1 m。

(3)接地体搭接长度要符合要求，扁钢为其宽度的两倍(至少焊接三个楞边)，圆钢为其直径的 6 倍(两侧焊接)。

(4)接地母线至少要应在不同的两点与接地网相连接。

(5)室内外接地干线沿墙壁水平敷设时，距地面高度宜为 250～300 mm。

2. 安全要求

(1)开挖接地网沟前，应对场地内存放的设备及物资予以防护，以免受损。

(2)开挖时，作业人员之间应保持 5 m 左右距离，且不得相对作业。

(3)打入接地极应由 2 人配合进行，1 人扶持接地极，1 人轮锤敲击，两人不得相对作业。

(4)进行电焊或熔接作业时，要将作业地点周围的易燃物品清理干净，以防火灾。

4.6.3 开关设备施工安全

1. 质量控制

(1)断路器本体应垂直、牢固，接地良好。

(2) SF_6 气体及使用的氮气其特性应符合国标技术要求。

(3)断路器的周期和速度及其他各项动作参数符合产品要求及有关规定。

2. 安全要求

(1)开箱及搬运时应注意保护瓷件,吊装时应用不小于 Φ20 mm 的白棕绳串入下法兰吊环内,再用 Φ16 mm 绳将上部瓷套与主绳绑扎,以防起吊时翻倾。

(2)不允许任何工具或升降设备撞击瓷瓶,不要将梯子靠在极柱上。

(3) SF_6 气体比空气重,在 SF_6 大量出现时会排挤空气,在封闭区间内会因无空气而造成窒息危险。气体回收时使用专用设备,不要排放到大气中。

4.6.4 接触网设备施工安全

1. 质量控制

(1)定位管与腕臂在同一垂面内,定位管的状态符合设计要求。

(2)安装过程中,应保持定位线夹处接触线工作面与轨面连线平行。

(3)各类螺栓连接紧固力矩均应符合设计要求值,用力矩扳手检测达标。

(4)作业过程严禁踩踏接触线或给接触线施加外力,以保证接触线的平直度和良好的受流质量。

2. 安全要求

(1)为保证施工的安全,现场应有专人统一指挥。

(2)登高作业应系好安全带,以防坠落,如图 4-23 所示。

(3)上、下传递工具材料应用小绳、工具袋,严禁抛扔,如图 4-23 所示。

(4)作业人员均应戴安全帽,以防工具、材料坠落伤人。

(5)梯车移动时高处人员要扶好蹲稳,不得上下,如图 4-23 所示。

图 4-23 牵引变电设备施工安全措施

4.7 动手扫一扫，我来演示你来看

视频 20　扁钢接地网及接地干线安装之测量布设

视频 21　扁钢接地网及接地干线安装之地网沟开挖

视频 22　承力索中心锚结安装作业

视频 23　承力索中心锚结安装的工具准备

视频 24　承力索中心锚结安装的物料准备

视频 25　承力索中心锚结的安装

视频 26　承力索中心锚结安装的质量控制与安全要求

第5章 铁路电力供电系统施工与安全

5.1 铁路电力供电系统施工概述

铁路电力供电系统施工主要涉及电力电缆工程、室内电力设备安装、室外电力设备安装、铁路电力设备电气测试等方面。

在铁路电力工程施工中，沿铁路线架设（架空线）或敷设（电力电缆）的电力线路是为用电设备提供电源的电缆，被称为一次电缆或动力电缆。它们可以为铁路系统的通信、信号、动力、照明等负荷进行供电，目前 10 kV 电力电缆是高速铁路普遍采用的一种供电线路。除了一次电缆，还有用于控制信号传递、计量、保护、电气通信的电缆，这类电缆都属于电力供电二次电缆，也叫控制电缆。

室外箱式电力设备的主要是为站场及沿线的负荷提供电源，并对供电电源的能量进行控制和调节。室外箱式电力设备主要包括箱式变压器和箱式电抗器等。

各种电缆和室外箱式设备如图 5-1 所示。

(a) 一次电缆　(b) 二次电缆　(c) 箱式电抗器

图 5-1　各种电缆与室外箱式设备

5.2 铁路电力电缆工程施工

无论对动力电缆（一次电缆）还是控制电缆（二次电缆）来说，电缆敷设都是电缆施工的一项重要工作，敷设过程中的质量控制对于电力线路的安全运营意义重大。

5.2.1 10 kV 单芯电力电缆敷设

10 kV 单芯电力电缆敷设的施工流程主要包括：施工准备、吊装电缆盘、电缆敷设、电缆的整理和固定等步骤，可使用轨道车、吊车、运输车等运载工具（图 5-2），施工过程还要注意防晒、防水、防滑、防雨、防雷、防坠物。

(a) 吊车　(b) 轨道车　(c) 运输车

图 5-2　电缆敷设使用的运载工具

吊装电缆盘时，需要根据现场施工情况，选择合理的电缆敷设方式。如本次拍摄的京沈铁路施工现场，桥梁、路基已成形，钢轨敷设完毕，故选用轨道车的电缆敷设方式。首先用运输车辆将电力电缆盘运至施工现场，接着采用自卸吊车将电缆盘吊离，电缆堆放区域要求 10 m 内无明火或易燃易爆物。然后将电力电缆（3 盘）吊至轨道车，固定在放线架上。由于本次敷设电缆为单芯 10 kV 电力电缆，ABC 三相同时进行吊装和敷设，如图 5-3 所示，其中黄色电缆为 A 相，绿色电缆为 B 相，红色电缆为 C 相。

图 5-3　电缆盘吊装与电缆敷设

10 kV 单芯电力电缆敷设时，首先将电缆盘运至敷设起点处，放线前先从电缆盘上拉出一定长度作缓冲段，其端头固定在地面坚固物上。放线车开动后，1～2 人在车上转动电缆盘，3 人在轨道车上防护电缆，5 人将电缆展放在地面上。电缆敷设过程中保持动态平衡，车速与电缆展放速度应协作配合好（车速约为 3 km/h）。电缆展放施工完毕后，人工将电缆放至桥面或路基电缆槽内，并按设计要求（单芯 10 kV 电缆按品字形）进行固定，每 1 m 左右用绑扎带进行绑扎，每 10 m 左右用三角抱箍进行固定。布放结果如图 5-4 所示。

(a) 电缆敷设　　(b) 固定　　(c) 布放

图 5-4　电缆敷设、固定、布放

5.2.2　二次电缆敷设

本节介绍适用于高速铁路变配电所的控制电缆的敷设，该过程的工序流程为：施工准备、控制电缆敷设、控制电缆固定等。

（1）按已开列的敷设计划及清单开始敷设，电缆敷设时，应先放长电缆，后放短电缆。

（2）电缆敷设时，在电缆始末端，用白色胶布标出电缆编号、电缆型号和电缆去向，电缆标志应防止受潮、浸水、践踏污染，以免造成字迹不清。在电缆敷设过程中，电缆不能出现死弯，防止电缆芯线受损，电缆最小弯曲半径见表 5-1。

表 5-1　电缆最小弯曲半径

电缆形式	多芯	单芯
控制电缆	10*D*	—
聚氯乙烯绝缘电力电缆	10*D*	10*D*
交联聚氯乙烯绝缘电力电缆	15*D*	20*D*

注：*D* 为电缆外径。

（3）敷设完毕及时固定，注意不同位置的电缆固定方法不同，如图 5-5 所示。

图 5-5　不同位置二次电缆固定布放

①支架、桥架上和竖井内敷设的电缆，采用夹板固定。

②电缆在竖井口引出处应进行夹板固定。

③平铺于支架的直线段电缆，应在首末两端固定，并根据现场实际情况，每间隔 50 cm左右等距离固定。

④电缆转弯（包括水平和垂直）的两端必须予以固定，当转弯处排列的电缆的宽度

超过电缆支架长度的一半时，还应在转弯的中间处增加固定 1～2 次。

⑤电缆引入盘、柜、端子箱前，应先固定，并在留出适当的裕度后，从所排列电缆的方向上平排引入盘、柜、端子箱，平排固定电缆的宽度应与盘、柜、端子箱内排列宽度一致。

5.2.3 电力电缆施工注意事项

一次电缆敷设前应进行技术交底和安全教育，敷设时为了安全和快捷，需设指挥员 1 名，负责电缆敷设的统一指挥。放线过程中，指挥员采用对讲机与轨道车司机保持联络，根据电缆敷设情况指挥车辆的开动、停止及运行速度，如图 5-6 所示。

(a) 指挥员技术交底　　(b) 与轨道车司机联络

图 5-6 指挥员技术交底与轨道车司机联络

二次电缆敷设时应注意：为防止室外电缆受潮，电缆敷设完后应对电缆头做防潮、防水处理；电力电缆和控制电缆不得配置在同一支架或桥架上；电缆在沿途各个部位应排列整齐，不得交叉。

切割外护套时注意切处用刀作横向圆周切割，切口要求整齐规则；切割铠装时应注意吃刀深度及方向，切忌伤及线芯绝缘。

制作电缆头时尽可能使某一区域或每类设备的电缆头的制作高度统一、制作样式统一，如图 5-7 所示。

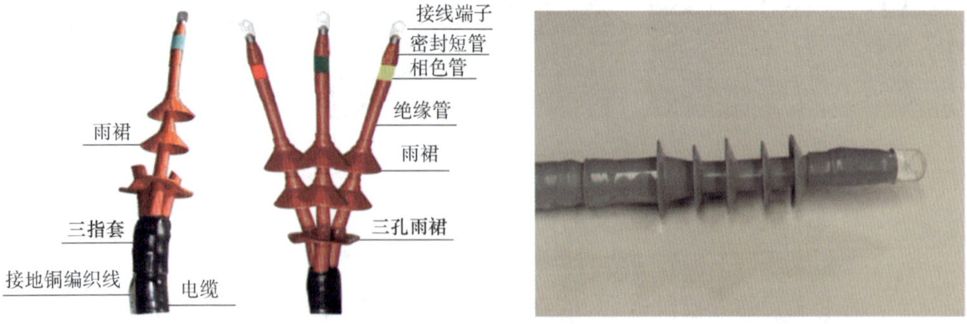

(a) 热缩电缆头　　(b) 冷缩电缆头

图 5-7 制式统一的电缆头

5.3　室内电力设备施工

在铁路电力工程实践中，盘柜是指配电盘柜、开关柜等电气装置，其主要作用是对电能进行汇集和分配。本节主要介绍适用于高速铁路变配电所的 10 kV 盘柜的安装。盘柜安装的工序流程为：施工准备→开箱检查→盘柜组立。

5.3.1　盘柜组立前准备工作

1. 施工准备

施工前做好物料、工具和工序准备，准备好施工用的全部工具，全部施工人员到位，盘柜基础槽钢经检验符合要求。

除了备好盘柜、安装施工图、母线连接导条、绝缘抱箍、绝缘垫、电缆、螺栓等物料以外，吊车及起吊钢绳、棘轮扳手、六角扳手、滑动滚杆、撬棍、手动叉车、齿轮式电缆剪线钳、液压钳、滑轮、兆欧表等工具也要准备齐全，如图 5-8 所示；还要配备足够的人员，本工程需要施工负责人 1 人、技术负责人 1 人、安全员 1 人、普工 8～10 人。

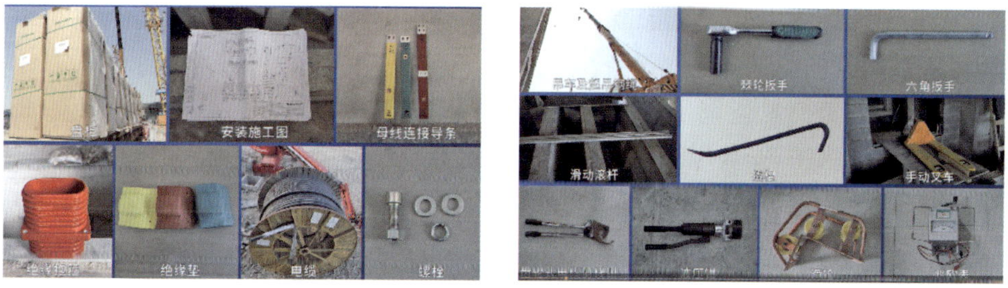

图 5-8　物料与工具准备

2. 开箱检查

盘柜到达现场后，首先要根据图纸检查盘柜外表有无损伤及变形，对盘柜的类型、规格、数量及附件进行全面检查，收集各种技术资料和合格证，并做好开箱检查记录，如图 5-9 所示。

(a) 清点盘柜

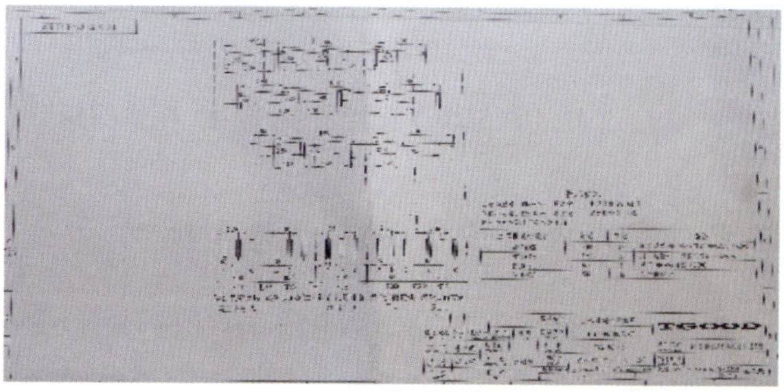

(b) 核对图纸

图 5-9　清点盘柜、核对图纸

5.3.2 盘柜组立

盘柜组立一共分成 9 步：

(1)利用吊车吊装盘柜，起吊绳安装的位置应严格按设计要求，吊装点应该在盘柜标示的承重点，吊绳与铅垂线的夹角不应大于 30°，保证起吊过程中盘柜外形不因受力而变形。

(2)在盘柜吊装时，应有专业人员对整个吊装过程统一指挥，保证人员、设备的安全。

(3)当盘柜吊到安装室时，指挥人员应要求吊车减慢吊装速度，采用手动叉车等工具，小心地推动盘柜，使盘柜缓慢落在安装位置，直至盘柜水平符合设计要求。

(4)盘柜拼装可从中间向两边展开，也可从一侧向另一侧拼装，按照设计文件规定，将盘柜按顺序搬放到安装位置。

(5)把每面盘、柜大致调水平，然后从成列盘、柜一端的第一面开始调整，调整合格后按照设备的要求与基础槽钢进行固定。

(6)按照设计顺序组立盘柜，保证水平度和垂直度符合规范和验收标准；盘柜组立后即可安装附带的附件和电气设备。

(7)以安装负荷贯通调压器引入柜盘柜为例，安装母线连接线，拆除盘柜侧面面板，安装母线绝缘垫，安装母线连接线并用螺栓紧固。

(8)将盘柜的电源接入端与接入母线可靠连接。

(9)盘柜清扫维护：安装工作结束后，将盘内外清扫干净，关闭配电盘的通道门，防止灰尘侵入。

盘柜组立如图 5-10 所示。

(a) 吊装　(b) 搬运　(c) 柜体门拆除　(d) 套筒安装　(e) 母线连接

图 5-10　盘柜吊装、搬运、柜体门拆除、套筒安装、母线连接

5.3.3 室内电力设备施工注意事项

高压开关柜眉头底色一级侧采用红色，综合侧采用蓝色。绝缘胶垫宜采用与地面颜色相近颜色；低压柜盘柜基础预埋槽钢或底座支架平直度符合设备安装要求，盘柜安装时的允许偏差应符合表 5-2 的规定。

表 5-2　盘柜安装要求

项次	项目		允许误差(mm)
1	垂直度		<1.5
2	水平偏差	相邻两盘顶部	<2
		成列盘顶部	<5
3	盘面偏差	相邻两盘边	<1
		成列盘面	<5
4	盘柜间接缝		<2

接地母线采用铜材质贯通连接，从两侧分别接引至地网，如图 5-11 所示。

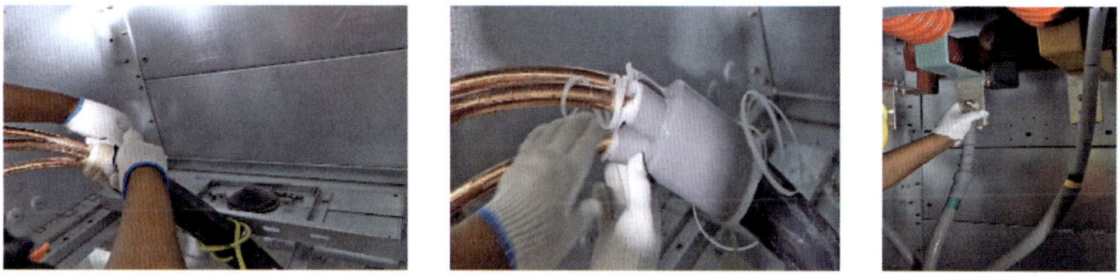

图 5-11　接地母线端头制作与连接

5.4　室外电力设备施工

铁路室外电力设备主要包括电力箱变、箱式电抗器、杆塔、绝缘子、金具、杆塔、基础、接地装置等，室外箱式电力设备包括高速铁路箱式电抗器和高速铁路室外箱式变压器等，两者的工序流程类似，本节以箱式电抗器的安装施工作业为例进行说明。其施工方法主要分为施工准备、箱式电抗器的吊装及运输、箱式电抗器的就位及安装、尾工处理四步，这里重点结合中间两步讨论室外电力设备施工的过程与注意事项。

5.4.1　施工前准备

1. 施工准备

首先确认设备基础已施工完毕并能达到设备安装要求（通风口、检修平台、防雷与保护接地、电缆进出管），然后测量基础预埋槽钢的相对位置。利用水平仪对设备基础进行水平检查。在基础的表面每隔 0.5 m 选择一个基准点，作为测试点，相邻基准点的水平度应不大于±1 mm，全长的不平度应不大于±3 mm，以确保箱式电抗器安装的稳定性。最后依据安全技术交底、设计文件、验收标准等内容，对先期工程的基础进行检查和核实，以保证箱式电抗器的基础符合设计设备安装要求。

2. 箱式电抗器的吊装及输运

利用吊车将箱式电抗器吊装于汽车上，如图 5-12 所示。在吊装时，应有专业人员对整个吊装过程统一指挥，严格遵守货物起吊管理程序及施工规范，保证人员、设备的安全。

图 5-12　先期工程核验、吊装、输运

5.4.2　箱式电抗器的就位及安装

箱式电抗器的就位及安装主要分成三步：

（1）将箱式电抗器由运输车辆运至施工现场。安装前需要进行设备的开箱检查，依据设备装箱清单和说明书，仔细核对设备型号、规格以及全部零部件、附属材料等。

（2）利用吊车将箱式电抗器吊到基础上方，指挥人员应要求吊车减慢吊装速度，在箱式电抗器的四个角各有一名施工人员，小心地推动箱式电抗器，使箱式电抗器徐徐落在安装位置，直至箱式电抗器水平符合设计要求。

（3）箱式电抗器的固定与接地。箱式电抗器的接地端与基础的接地母线采用 25 mm^2 铜编织带可靠连接，按照设备厂家要求将箱内接地铜排连接牢固。此外，箱式电抗器的接地装置需具有可拆卸的测试点，通过可拆卸螺栓便于接地测试仪连接。

箱式电抗器就位及安装如图 5-13 所示。

(a) 开箱检查

(b) 核对图纸

(c) 放至基础

图 5-13　开箱检查、核对图纸、放至基础

5.4.3 室外电力设备施工注意事项

室外箱式设备输运要先利用吊车将箱式电抗器吊装于汽车上，再用汽车进行输运(图5-14)。在吊装时，应有专业人员对整个吊装过程统一指挥，严格遵守货物起吊管理程序及施工规范，保证人员、设备的安全。

使用汽车运输箱式设备时，进出的路径范围内，道路通畅，地面平整并压实，无其他任何杂物，以免出现剐蹭等现象。

利用吊车吊装箱式电抗器时，起吊绳安装的位置应严格按设计要求，吊绳与铅垂线的夹角不应大于30°。吊装点应该在箱式电抗器标示的承重点，保证起吊过程中，箱式电抗器外形不因受力而变形。

(a) 吊装输运　(b) 指挥调整　(c) 尾工处理

图5-14　室外电力设备施工

5.5 铁路电力设备电气测试

在高速铁路电力工程施工作业中，铁路电力设备电气测试是一项非常重要的工作。铁路电力设备电气测试包括电气设备绝缘电阻测试、电气设备接地电阻测试等内容。

5.5.1 电气设备绝缘电阻测试

电气设备的绝缘电阻测试，是用于检查电气设备绝缘缺陷的方法之一。本节以电力工程10 kV变0.4 kV配电变压器和10 kV高压开关柜的绝缘电阻测试为例进行讲解，其测试方法同样适用高速铁路变配电所其他电气设备的绝缘电阻测试。

电气设备的绝缘电阻测试的工序流程为：测试设备选用→测试前准备→测试接线→测试操作和记录→测试结果评估。

测试过程分为测试设备选用、测试前准备、测试接线、测试操作和记录四步：

第一步：测试设备选用。测试设备应符合国家标准，具备合格证明，并经过定期的校准和维护。测试前检查绝缘电阻测试仪是否合格；测试设备的使用人员应具备相应的培训和资质证书，熟悉测试仪器的操作方法和注意事项；测试设备或线路的绝缘电阻必须使用兆欧表（摇表），不能用万用表来测试；在实际工作中，需根据被测对象来选择不同电压等级和阻值测量范围的仪表。兆欧表测量范围的选用原则是：测量范围不能过多超出被测绝缘电阻值，避免产生较大误差。对于 10/0.4 kV 配电变压器和10 kV 高压开关柜而言，一般选用 2 500 V。兆欧表有三个接线柱：即 L（线路）、E（接地）、G（屏蔽），按测量对象不同来选用。

第二步：测试前准备。在进行电气设备绝缘电阻测试之前，需对测试区域进行清理，确保测试点表面干净平整，消除可能导致测试结果失真的因素。

第三步：测试接线。根据具体设备的绝缘电阻测试要求，切断电源，正确连接测试设备和待测设备。仪表应放置在水平位置。测试设备的线缆和接头应保持良好的连接状态，防止接触不良或者线路长时间负载导致的温升现象。

第四步：测试操作和记录。测量对象为 10 kV 变 0.4 kV 变压器，联结组别为 Dyn11，测量的绝缘电阻分为两种情况：

（1）高压绕组与低压绕组之间的绝缘电阻。测量时，将高压侧 ABC 端子用金属导线短接，低压绕组 ABCN 用金属导线短接，绝缘电阻测试仪的 L 端与高压绕组连接，E 端与低压绕组连接，测量绝缘电阻值为 922 GΩ。

（2）铁芯与接地点之间的绝缘。测量时，将铁芯的一点接地拆除，绝缘电阻测试仪的 L 端与铁芯端子连接，E 端与接地夹件连接，测量绝缘电阻值为 459 GΩ。

测试对象为 10 kV 开关柜时，将柜内与变压器连接的电缆端子拆除，接地刀闸打开，出线端断开，ABC 端子用金属导线短接。绝缘电阻测试仪的 L 端与 ABC 端子连接，E 端与接地端连接，测量绝缘电阻值为 8.76 GΩ。

绝缘电阻测试部分过程如图 5-15 所示。

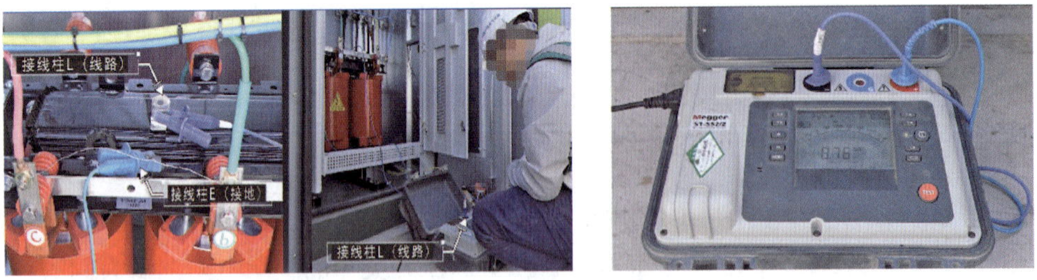

图 5-15　绝缘电阻测试

5.5.2　电气设备接地电阻测试

变配电所接地阻抗测试，用于评估所内电气设备接地的完整性是否满足安全运行要求，本项目为高速铁路变配电所接地阻抗的测试作业。

电气设备的接地电阻测试的工序流程与绝缘电阻的测试类似，也分为测试设备选用、测试前准备、测试接线、测试操作和记录、测试结果评估，如图 5-16 所示。

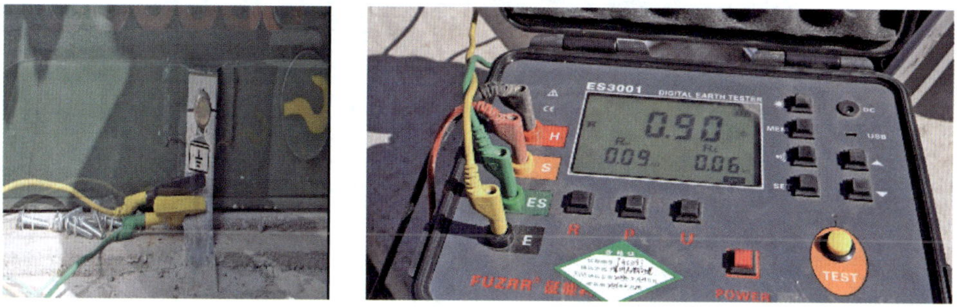

图 5-16　高速铁路变配电所接地电阻测试

本次采用直线法对变电所接地阻抗进行测试，示意图如图 5-17 所示。电流桩、电压桩与待测接地装置呈直线。通常电流桩与被试接地装置边缘的距离应为地网对角线长度的 4～5 倍；电压桩与被试接地装置边缘的距离通常为地网对角线长度的 2～3 倍。

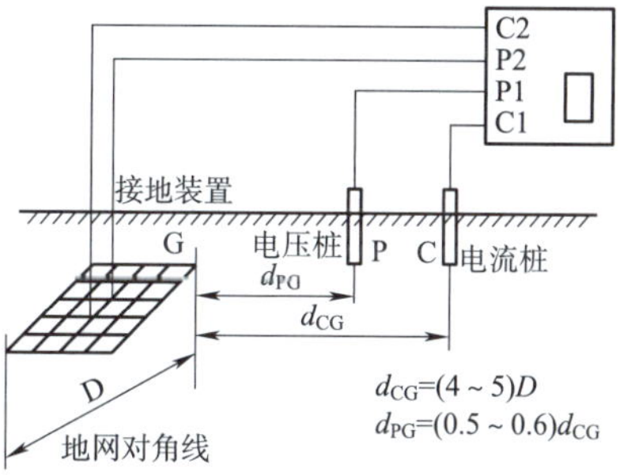

图 5-17　直线法对变电所接地阻抗进行测试示意图

5.5.3　电力设备电气测试注意事项

电气设备绝缘电阻与接地电阻测试完成后，需要对测试结果(图 5-18)进行评估，以判断接地系统的具体状态。

一般情况下，绝缘电阻的测试结果应符合国家规定的标准范围。在评估测试结果时，应综合考虑测试设备的准确性、测试环境的实际情况以及其他可能的干扰因素。现场新装的低压线路和大修后的用电设备绝缘电阻应不小于 0.5 MΩ。变压器一、二次绕组之间及对铁芯的绝缘电阻值应大于 2 MΩ。

接地电阻不应大于 1 Ω，同一接地网中各相邻设备接地线间的直流电阻不应大于 0.2 Ω，为满足测量精度要求，测试线的直流电阻不应大于 0.05 Ω。

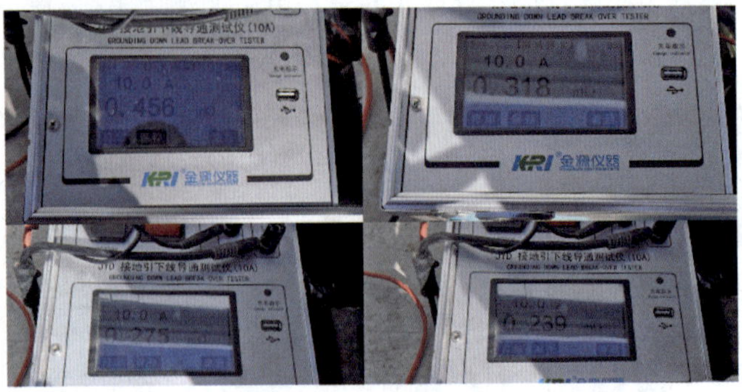

图 5-18　部分测试结果

5.6　铁路电力供电设备施工安全

任何铁路施工时都要遵守相关技术规范，经常使用高压设施与大型设备的铁路电力供电设备施工更要注意施工质量和安全生产，尤其质量控制与安全要求两方面。电力供电设备施工依据的标准、规范和要求主要包括：

(1)《高速铁路电力工程施工质量验收标准》(TB 10757—2018)；

(2)《高速铁路电力工程施工技术规程》(Q/CR 9608—2015)；

(3)《铁路电力、电力牵引供电工程施工安全技术规程》(TB 10308—2020)；

(4)《铁路工程施工组织设计规范》(Q/CR 9004—2018)；

(5)《铁路通信、信号、电力、电力牵引供电施工机械配置技术规程》(Q/CR 9228—2015)；

(6)《铁路工程基本作业施工安全技术规程》(TB 10301—2020)；

(7)《高速铁路设计规范》(TB 10621—2014)；

(8)《高速铁路电力工程细部设计和工艺质量标准》(Q/CR 9522—2018)；

(9)工程相关设计施工图纸。

5.6.1　铁路电力电缆工程施工安全

1. 质量控制

(1)电缆敷设前确认电缆外观应无损伤，电缆应绝缘测试合格，如图 5-19所示。

(2)一次电力电缆敷设时，在电缆终端头、中间接头处应预留有适当的备用长度。在电缆终端头、电缆接头、拐弯处、夹层内、隧道及竖井的两端等地方，电缆上应装设标志牌。

(3)二次电缆引入盘柜内的电缆应排列整齐、固定牢固、编号清晰、避免交叉，盘柜

(a) 绝缘测试

(b) 装设标志牌

图 5-19　电缆敷设质量控制

内和电缆沟内的导线不应有接头。

(4)二次回路的电气间隙和爬电距离应符合表 5-3 的要求。

表 5-3　不同工作条件下允许的最小电气间隙与爬电距离

额定电压(V)	电气间隙(mm)		爬电距离(mm)	
	额定工作电流		额定工作电流	
	≤63A	>63A	≤63A	>63A
$U \leqslant 60$	3	5	3	5
$60 < U \leqslant 300$	5	6	6	8
$300 < U \leqslant 500$	8	10	10	12

2. 安全要求

(1)施工区域应设警示标志，严禁非工作人员出入。

(2)施工中，制订合理的作业程序和机械车辆走行路线，现场设专人指挥、调度，并设立明显标志，防止相互干扰碰撞，确保协调、安全施工。

(3)按照电缆敷设顺序或排列布置图逐根施放电缆。

(4)电缆敷设时，电缆应从盘的上端引出，不应使电缆在支架上及地面摩擦拖拉。

(5)电缆上不得有压扁、绞拧、护层折裂等机械损伤。

5.6.2　室内电力设备施工安全

1. 质量控制

(1)吊装点应该在盘柜标示的承重点，保证起吊过程中，盘柜外形不因受力而变形。

(2)按照设计顺序组立盘柜，保证水平度和垂直度符合规范和验收标准。

(3)以安装“负荷贯通调压器引入柜”盘柜为例，安装母线连接线，拆除盘柜侧面面板，安装母线绝缘垫，安装母线连接线并用螺栓紧固。

2. 安全要求

(1)施工区域应设警示标志,严禁非工作人员出入。

(2)现场应有专人统一指挥,并设一名专职安全员负责现场的安全工作,坚持班前进行安全教育制度。

(3)施工中,制订合理的作业程序和机械车辆走行路线,现场设专人指挥、调度,并设立明显标志,防止相互干扰碰撞,机械作业要留有安全距离,确保协调、安全施工。

(4)盘柜的就位组织工作,应由技术训练、有经验的人员担任。

(5)盘柜在就位时,人力要足够,指挥要统一,狭窄处应防止伤人,在加垫时,不能将手伸入盘底,单面盘、柜拼装时,应防止伤手。

(6)盘柜在安装好之前,应有防止倾倒的措施,安装时应有专人防护与扶持,如图 5-20所示。

图 5-20　为保安全安装时专人防护、专人扶持

5.6.3　室外电力设备施工安全

1. 质量控制

(1)设备到达现场应进行开箱检查,设备的规格、型号必须符合设计要求。

(2)利用吊车吊装箱式电抗器,吊装点应该在箱式电抗器标示的承重点,保证起吊过程中,箱式电抗器外形不因受力而变形。

(3)箱式电抗器安装前,需要测量基础预埋槽钢的相对位置,确保相邻基准点的水平度应不大于±1 mm,全长的不平度应不大于±3 mm。

2. 安全要求

(1)设备在装卸和运输前应调查道路,制订安全措施。在装卸和运输过程中,不应有严重冲击或振动。

(2)施工中,现场设专人指挥、调度,防止相互干扰碰撞,机械作业要留有安全距离,确保协调、安全施工。

5.6.4 电力设备电气测试施工安全

1. 质量控制

(1)电气设备绝缘电阻测试中,需要使用专业的测试设备来确保测试结果的准确性。

(2)维护工作主要包括定期清理测试点、检查接地导体的连接是否松动、清除可能导致接地系统故障的污垢等。

(3)测量电气设备的绝缘电阻时,先切断电源,然后将设备充分放电。

(4)测量电容量较大的电机、电缆、变压器及电容器应有一定的充电时间,摇动1 min后读值,测试完毕后将设备放电。

(5)不能用两种不同电压等级的兆欧表测同一绝缘物,因为任何绝缘物所加的电压不同,造成绝缘体产生物理变化不同,使绝缘体内泄漏电流不同,从而影响到测量的绝缘物电阻值不同。

2. 安全要求

(1)在进行绝缘电阻测试时,需要遵循相关的规范要求,使用专业的测试设备,并根据测试结果进行评估和必要的维护工作。

(2)兆欧表的测量引线应使用绝缘良好的单根导线,且应充分分开,不得与被测量设备的其他部位接触。

(3)新安装的用电设备投入运行前,需要进行绝缘电阻的测试。

(4)测试应在良好的天气下进行(图5-21),周围环境温度不低于5 ℃为宜。

(5)测量接地电阻时,电压极和电流极要分开(图5-21)。

图5-21 晴好天气下规范测试

5.7 动手扫一扫,我来演示你来看

视频 27　10 kV 单芯户外冷缩式电力电缆终端头制作的施工背景

视频 28　吊装电缆盘

视频 29　剥切电缆外护套铠装和内护套

视频 30　电缆绝缘测试

视频 31　地线安装

视频 32　避雷器安装前作业准备

视频 33　避雷器底座安装

视频 34　避雷器组装与调整

结束语

交通是人类社会发展的交往纽带，是国民经济的“先行”，在人们生产生活中起着重要作用。交通安全关系着人们的生命安全，影响着人们的生活。近年来，我国高速铁路的建设成就在国际社会产生了重大影响，目前我国已成为世界上高速铁路发展最快的国家。随着铁路的不断发展，民众对铁路平安性的关注越来越强烈。

1. 铁路发展与铁路四电施工要求

为了节约能源和降低运输成本、提高运输能力，我国铁路电气化率越来越高，铁路四电的作用也越来越突出。铁路通信系统、铁路信号系统、铁路牵引供电系统和铁路电力供电系统这四个铁路系统互相配合，共同为高速列车的安全、高速运行保驾护航。

铁路信号系统是保证列车平安运行的重要设备，利用它既可以随时了解列车运行的实时状态和路网上行车设备的运用情况，又能实现运输调度指令的传递和监控。它的安全与可靠直接关系到整个铁路系统的运输效率和客户的生命、财产安全。

铁路通信系统是保障高速铁路安全运营和高效管理的信息基础平台，不仅可以为铁路运输指挥提供调度、公务、移动通信等基本通信业务，还为铁路信号系统和牵引供电系统、其他铁路信息化应用系统提供信息化承载业务，是铁路正常运营的信息保障。

铁路牵引供电系统通过牵引变电设备将电力系统的电源降至高铁合适的等级(27.5 kV)，再通过沿线架设的接触网向列车输送电能，是铁路电气化的动力保障，也是保证列车高速、可靠、安全运行的关键。

铁路电力供电系统是以上三电正常工作的保障。

提升铁路“四电”系统的质量势在必行，需要全方位向大众宣传交通基本知识、施工规范与安全应急措施等。这样才能使得普通民众逐渐了解和熟悉相关知识，发现问题可监督，面对突发情况不慌乱，进而听从和配合工作人员和信号设备的指挥，减少事故的发生与扩大。工程建设最重要的环节就是施工，而施工过程中安全也是非常重要的。铁路四电工程的质量好坏，不仅直接关系到列车能不能正常运行，还和铁路开通运营后管理单位对其的维修、养护直接相关。因此，在铁路四电系统施工过程中，要严格遵守施工技术规范，选用合格的电气元件、正确的工具器材和先进的工艺。在施工时不仅要注意产品质量，也要保证人身安全。

2. 铁路四电施工工艺

为适应新时代铁路对建筑业和轨道交通领域的新要求，不仅信息化手段、专业化设备、工厂化加工等新技术在高铁建设中不断被应用，施工组织模式与施工工艺也发生了天翻地覆的变化。

(1)铁路通信工程施工新工艺

作为铁路信息化领跑者的通信工程，施工时要求设备厂家发货时提供产品安装操作说明的二维码，设备配线等要求统一规范的施工工艺，机柜颜色、摆放方式等也要符合要求，工具摆放整齐，如图 1 所示。

(a) 整洁规范的通信机房　　(b) 通信配线工艺

图 1　铁路通信工程施工新工艺展示

(2)铁路信号工程施工新工艺

与铁路通信不分家的铁路信号施工领域，在新工艺推广道路上与铁路通信也是并驾齐驱，不分伯仲，如图 2 所示。

图 2　铁路信号工程施工新工艺展示

(3)牵引变电工程施工新工艺

施工方要求厂家按照《高速铁路电力牵引供电工程细部设计和工艺质量标准》(Q/CR 9523—2018)规定，比如，电缆引入时要设置防火封堵盒和绝缘护垫套，高压电缆固定舱内要增加非磁性电缆抱箍；还要统一所内综合自动化系统盘、交直流盘等盘柜样式，盘柜和眉头颜色都要统一，牵引变压器与自耦变压器的颜色也要保持一致，甚至连标号牌等的外观与颜色也要协调一致，如图 3 所示。

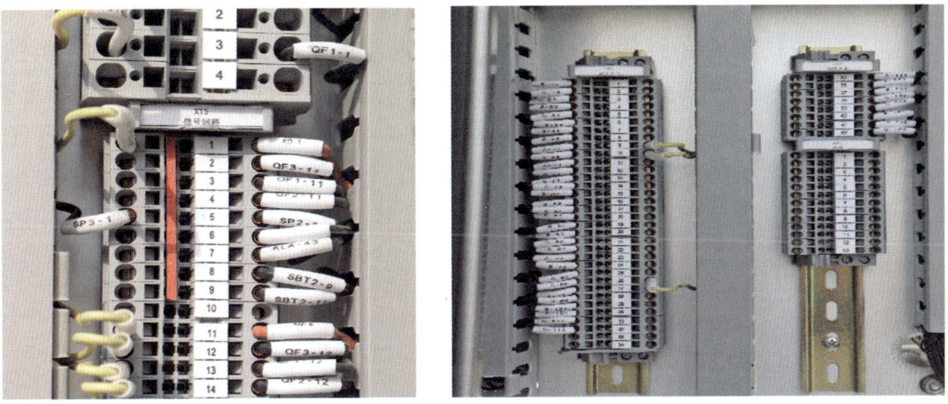

图 3　牵引变压工程施工新工艺展示

(4)铁路电力工程施工新工艺

为了进一步规范施工人员管控与操作能力，铁路电力工程领域也不甘落后，一系列施工新工艺得以推广和使用，包括盘柜样式的整齐划一、柜内二次线槽颜色的一致性；电缆敷设采用机械化方式；区间桥梁上贯通电缆采用蛇形敷设等。甚至对盘柜活动门接地线的选用都提出了具体要求，统一选用套有透明软管的圆形铜编织线，接地线的长度可以达到限位位置为宜，引进盘柜的电缆排列整齐、避免交叉、固定牢固，如图 4 所示。

(a) 机械化自卸吊车的使用　　(b) 排列整齐的电缆

图 4　铁路电力工程施工新工艺展示

3. 铁路四电施工科普的重要性

高铁四电施工过程的传统表达方法，需要沟通双方掌握一定的专业知识、经验和空间想象力。目前，关于铁路四电，国内有一些学术性很强的专业书籍和专著，普通读者阅读难度系数较大，关于铁路四电施工与安全方面的科普类作品更是近乎空白。本书围绕高速铁路四电工程的建设施工过程介绍铁路四电系统施工与安全要求，从高速铁路的四电工程建设施工技术入手，通过深入浅出的文字、施工现场拍摄的高清图片、二维码“背后”的操作视频真实地呈现各子系统关键设备的施工过程，向普通大众科普讲解高速铁路四电系统的施工工艺、装备及施工过程、安全生产注意事项等。让学习者获得“手把手教”的学习体验，让有关工程人员甚至民众都能更简单清楚地了解铁路四电各个领域的知识和安全生产注意事项，体会大国工匠精神和安全生产的重要性，进而激励人们奋进，不断培养国人的艰苦奋斗精神和求实精神。同时，希望加深民众对高速铁路四电系统的了解，激发青少年学科学、爱科学的意识，提高民众的科学素养，树立民众的安全意识，促进民众爱护公共交通各类设施设备，利于良好文明出行环境的建立。

参考文献

[1] 郭进.铁路信号基础[M].2版.北京:中国铁道出版社,2017.

[2] 中铁电气化局集团有限公司.电力工程施工作业操作手册[M].北京:中国铁道出版社,2014.

[3] 刘玉芝,高静巧.铁路信号基础[M].成都:西南交通大学出版社,2018.

[4] 安伟光,阚焕章,窦振荣.车站信号工程施工[M].北京:中国铁道出版社,2010.

[5] 张运波,王国安,张卓杰.漫谈高速铁路桥梁工程施工[M].北京:中国铁道出版社有限公司,2020.

[6] 张冰,于景臣,刘巧静.城市轨道交通工程施工[M].2版.北京:中国铁道出版社,2014.

[7] 人力资源和社会保障部教材办公室,广州市地下铁道总公司.接触网检修工[M].北京:中国劳动社会保障出版社,2010.

[8] 林瑜筠.铁路信号工程设计[M].北京:中国铁道出版社,2015.

[9] 铁道部劳动和卫生司,铁道部运输局.高速铁路变配电设备检修岗位[M].北京:中国铁道出版社,2012.

[10] 侯启同.铁路调度指挥系统维护[M].北京:中国铁道出版社有限公司,2021.

[11] 北京铁路局.CTCS-2级列车控制系统应用与维护[M].北京:中国铁道出版社,2007.

[12] 阮振铎.铁路信号设计与施工[M].北京:中国铁道出版社,2008.

[13] 刘玉芝,贾毓杰.铁路信号远程控制系统[M].北京:中国铁道出版社有限公司,2019.

[14] 王硕禾,薛强,蔡承才,等.漫话城市轨道交通[M].北京:中国铁道出版社,2017.

[15] 胡守忠,鲁成,周志鹏,等.话说轨道交通[M].上海:东华大学出版社,2013.

[16] 李凯.高速铁路列车运行控制技术:CTCS-2级列车运行控制系统[M].北京:中国铁道出版社,2017.

[17] 莫志松,郑升.高速铁路列车运行控制技术:CTCS-3级列车运行控制系统[M].北京:中国铁道出版社,2016.

[18] 靳俊.高速铁路列车运行控制技术:调度集中系统[M].北京:中国铁道出版社,2017.

[19] 林瑜筠,吕永昌. 计算机联锁[M]. 4 版. 北京：中国铁道出版社,2017.

[20] 贾毓杰. 铁路信号与通信设备 [M]. 3 版. 北京：中国铁道出版社有限公司,2024.

[21] 李开成. 现代铁路信号中的通信技术[M]. 北京：中国铁道出版社,2010.

[22] 中铁二局股份有限公司,卿三惠. 高速铁路施工技术："四电"工程分册[M]. 北京：中国铁道出版社,2013.

[23] 朱惠忠,张亚平,蒋笑冰,等. GSM-R 通信技术与应用[M]. 北京：中国铁道出版社,2005.

[24] 蒋先国. 高速铁路四电系统集成[M]. 成都：西南交通大学出版社,2010.

[25] 吴积钦. 受电弓与接触网系统[M]. 成都：西南交通大学出版社,2010.

[26] 李群湛,连级三,高仕斌. 高速铁路电气化工程[M]. 成都：西南交通大学出版社,2006.

[27] 林瑜筠,李鹏,李岱峰,等. 铁路信号新技术概论[M]. 修订版. 北京：中国铁道出版社,2007.

[28] 董昭德. 接触网[M]. 北京：中国铁道出版社,2010.